DE LA EMIGRACIÓN AL TRANSTIERRO

KEISELIM A. MONTÁS

Title: *De la emigración al transtierro*
ISBN-10: 1940075327
ISBN-13: 978-1-940075-32-7

Design: © Ana Paola González
Cover Design: © Jhon Aguasaco
Editor in Chief: Carlos Aguasaco
Author's photo by: © Kianny A. Antigua
E-mail: carlos@artepoetica.com / aguasaco@gmail.com
Mail: 38-38 215 Place, Bayside, NY 11361, USA.

DE LA EMIGRACIÓN AL TRANSTIERRO

(DIÁSPORAS DEL CARIBE HISPANOHABLANTE EN LOS ESTADOS UNIDOS)

KEISELIM A. MONTÁS

escribana books

NUEVA YORK, 2015

ÍNDICE

PRÓLOGO   7

INTRODUCCIÓN   9

I   EL TRANSTIERRO   15

II   EL MARCO HISTÓRICO DE LA EMIGRACIÓN CARIBEÑA
     Y LAS POSTERIORES IDENTIDADES LINGÜÍSTICAS EN
     FIGURAS REPRESENTATIVAS DEL TRANSTIERRO   41

III DIÁSPORA: ¿QUÉ NOS APARTA QUE NOS UNE?   55

IV   MANIFESTACIÓN PERSONAL DE LA ALTERNATIVA
     BILINGÜE/BICULTURAL EN EL ÁMBITO DE LA
     IDENTIDAD Y LA CREATIVIDAD   61

V   CONCLUSIÓN   79

NOTAS   83

REFERENCIAS   87

Prólogo

Vivimos en una época caracterizada por flujos de personas que van navegando a través del mundo, ya sea en búsqueda de trabajo, en plan turístico, por fuerza o necesidad. Este constante movimiento de un sitio a otro es facilitado por cambios y avances en las áreas de tecnología y transporte, así como por una reestructuración de la economía mundial. En las últimas tres décadas los cambios de políticas económicas, bajo los regímenes neoliberales, han dado como resultado altas tasas de desempleo, las cuales han impulsado migraciones a nivel global. El caso de la emigración latinoamericana y caribeña hacia los Estados Unidos ejemplifica estos procesos globales que, más allá de proporcionar cifras numéricas y estadísticas sobre cambios de población, señalan profundos cambios en las vidas de cada emigrante, lo mismo que en el ritmo social y el desarrollo de las comunidades desde donde originan hasta las comunidades que los reciben.

Se estima que cincuenta y cuatro millones de personas de descendencia latinoamericana residen en los Estados Unidos; de entre ellos, unos once millones carecen de documentos y están, por lo tanto, sujetos a arresto y deportación. Unos veinte o treinta años atrás, la mayoría de inmigrantes latinoamericanos en los Estados Unidos era de descendencia mexicana; ahora el flujo migratorio es mucho más complejo, contando con inmigrantes de toda Latino América. Por varias causas y razones, ya sea políticas, personales o económicas, los inmigrantes de hoy provienen de países a través de todo el hemisferio y con una notable presencia proveniente de los países del Caribe. A su llegada, estos migrantes "latinos" se ven expuestos a, o enfrentados por, la lengua de este país, sus patrones culturales y sus instituciones sociales y gubernamentales. Aun así, y aunque hayan estado viviendo en los Estados Unidos por largos años, la mayoría mantiene vínculos con sus localidades de origen. O sea, los inmigrantes latinos se mantienen arraigados entre dos países, no perteneciendo plenamente ni a su lugar de origen ni a la comunidad que les ha dado, mal que bien, acogida.

El mundo en que vivimos desarraiga, o como lo plantea el autor del presente libro, Keiselim A. Montás, el mundo actual está caracterizado por una condición de *"transtierro"*. El concepto de *transtierro* nos ofrece una nueva manera de conceptualizar la experiencia de los inmigrantes latinos que viven entre varios territorios, tanto físicos como emocionales. El *transtierro* es la experiencia de vida o condición de no pertenecer ni aquí ni allá, que se da como producto directo del proceso migratorio.

Como inmigrante dominicano, Montás navega entre varios espacios físicos, emocionales, lingüísticos, privados y profesionales. Como escritor, poeta y académico, también navega entre varias disciplinas. Estas experiencias contribuyen a su perspectiva única, la cual fluctúa entre múltiples subjetividades y nos va proporcionando una profunda visión de las consideraciones lingüísticas y literarias que forman parte íntima de su *transtierro* y del *Transtierro*. En lugar de elegir una forma de existir o sobrevivir en contraposición a otra, o escoger una identidad cultural, lingüística o nacional en vez de la otra, Montás opta por una vida bifurcada, *transterrada*, y en los márgenes existentes entre los Estados Unidos y la República Dominicana. La que él navega, es una vida enriquecida por ambas culturas, idiomas y nacionalidades.

Más allá de ofrecernos una idea de las alternativa por las que optan los inmigrantes o de las decisiones que tienen que tomar, este libro de Keiselim A. Montás representa una gran contribución a la literatura sobre la migración, puesto que nos da una muestra personal de cómo existir entre dos mundos, al mostrarnos la forma en que se ha desplazado y se desplaza entre ambos. Por ejemplo, cuando nos habla del significado de la lengua materna en contraste con una segunda lengua adoptada, manifiesta emociones y experiencias profundas ligadas a cada idioma. Para Montás, al igual que para el escritor chicano, Richard Rodríguez (en *Hunger of Memory*), el idioma español define un espacio privado, mientras que el inglés denota un espacio público. Sin embargo, Montás no privilegia un lenguaje sobre el otro, tal como es el caso Rodríguez. Montás, elije escribir y existir con ambas lenguas, argumentando la importancia de adoptar una identidad bilingüe, o lo que equivale a un transtierro lingüístico.

Más allá de la puntualización de una identidad lingüística, cultural o personal, la publicación de este libro contribuye al campo de estudios sobre la migración, a través de su análisis de diáspora, memoria y pertenencia dentro del contexto de la emigración caribeña y la experiencia migratoria en general.

Lourdes Gutiérrez Nájera, Ph.D.
Assistant Professor of Anthropology
Department for the Study of Culture and Society
Drake University
Des Moines, Iowa

Introducción

Este trabajo nació de la necesidad de explicarle a una audiencia académica cómo se vive siendo un ente creativo, bilingüe, bicultural y que navega, literalmente, entre dos mundos en la cotidianeidad de su existencia; ese fue el génesis de este trabajo. Comenzó con una mirada al espejo, un autoexamen, una auto-explicación a la que le siguió una mirada a mi alrededor, mi entorno, mis contemporáneos, mi historia y la historia de los que comparten una circunstancia similar.

De dicha explicación deviene el definir como TRANS-TIERRO la presente condición de vida de quienes (como yo) emigraron de sus países y hacen vida o sobreviven, como inmigrantes, en otro país de cultura, sistema, lengua y costumbres distintas; mientras mantienen una conexión real o imaginaria con sus países de origen. Aunque el contexto de este trabajo se circunscribe a los países del Caribe Hispanohablante (Cuba, Puerto Rico y República Dominicana) como los países de origen, y a los Estados Unidos como el país huésped, donde se sucede el transtierro, quiero dejar abierta la puerta a la posibilidad de que esta condición, y las circunstancias que conllevan a ella, sean aplicables a similares situaciones migratorias desde el resto de América Latina. Por igual cabe permitir su aplicación a situaciones similares, en cualquier parte del mundo, donde la emigración y asentamiento se den de un país en desarrollo a un país desarrollado y con cultura, sistema, lengua y costumbres distintas.

Para desarrollar la propuesta de esta existencia como la condición de transtierro, en el primer capítulo comienzo presentando el término en su contexto histórico, de ahí paso a redefinirlo diferenciándolo de la aplicación o definición antes usada. Paso luego a definir y contrastar el término con el concepto de exilio y aclaro que, aunque los motivos migratorios sean distintos, cuando el exilio ocurre en forma prolongada, como es el caso del exilio cubano, éste deviene en la condición de transtierro. Como salida del horno está la noticia de la "normalización de las relaciones entre Cuba y los Estados Unidos" y aunque es temprano aún para la evidencia, afirmo que una vez quede en efecto dicha normalización diplomática y se eliminen los impedimentos políticos: uno, los exiliados cubanos no van a regresar en masa a Cuba; y dos, la condición pasará de ser exilo y se convertirá en transtierro activo, según lo defino aquí, con un constante ir y venir.

Presento una serie de pormenores para describir el panorama del inmigrante en el nuevo país, y, observo un número de factores que juegan un papel determinante en la suerte y establecimiento del recién llegado. En ese marco examino determinantes tales como el nivel de educación, la clase socioeconómica, la edad, las razones para emigrar, la ocupación, donde se llegue a vivir, etc. Basado en esos factores, paso a definir y ejemplificar las resultantes opciones de identidad que puede adoptar el inmigrante, usando como piedra de toque y portal de identidad el idioma con que se comunique el individuo. De forma explícita expongo las alternativas o estrategias de la *Asimilación (cambio a la OTRA identidad)*, el *Rechazo (apego a la identidad UNICA)* y la *Alternativa Bilingüe (convivencia de ambas identidades)*, que se suceden como solución o resolución al conflicto de identidad y de sobrevivencia al que nos expone la experiencia de la emigración.

En el segundo capítulo paso a presentar un resumen histórico de la emigración caribeña en el contexto de las relaciones diplomáticas o políticas de cado uno de los tres países con los Estados Unidos, deteniéndome a comentar sobre las coyunturas de las notables olas migratorias y la cantidad de personas que salieron en las distintas fechas correspondientes. Este resumen lo entretejo a los factores expuestos en el primer capítulo y presento un número de figuras representativas del transtierro, correspondiente a cada país. Dichas figuras, mediante su identidad lingüística y su producción literaria, sirven como evidencia de la propuesta aquí hecha sobre la condición de TRANSTIERRO. Pero más allá de enumerar ciertas figuras claves, presento aspectos y testimonios de dichas figuras, que sirven para sostener las consideraciones propuestas y demostrar que de hecho vivimos una condición de permeabilidad entre dos culturas.

El tercer capítulo es como un paréntesis que introduzco para abordar el tema de la diáspora. Es un tema que debería estar claro: somos diáspora; pero que sigue surgiendo en círculos intelectuales como tema de cuestionamiento. Quiero, al introducir este paréntesis, intentar dejar el tema en claro y por sentado; y, en pocas palabras, presumir que el término es aplicable, inclusive, a una sola persona y no necesariamente a toda una comunidad.

El cuarto y último capítulo, antes de una breve conclusión, lo centro en el ámbito de mi experiencia personal como transterrado. Aquí, y partiendo de mi condición de ente creativo que siempre ha tenido una estrecha relación con el lenguaje, exploro los principios que conforman el transtierro de forma personal, estableciendo el contexto de introducción al nuevo idioma en el marco de mi relación con la escritura como vehículo de creatividad. De ahí paso a abordar los temas de la hibridad lingüística, la dualidad de vivir en dos idiomas, entre dos culturas y jurar lealtad a dos patrias, como aspectos de la *Alternativa Bilingüe*. Por igual hablo de cómo practico mi actividad creativa, cómo se presenta el vehículo de traducción para ser entendido en ambos idiomas, y por último, cómo se manifiesta esta condición en términos de mi identidad.

Keiselim A. Montás

Estaciones

Un claro de bosque, aquí
a horas tempranas de la mañana
                                 a la caída de la tarde allá
una primavera finalmente resuelta, como un telón
de escenografía de pronto desplegado
                         un verano maduro, cuajado
                de arándanos jugosos y moras de la tierra
un riachuelo bordeado de helechos nuevos
y súbitas flores silvestres
         una hierba gramínea de espigas inclinadas y rubias
                como crines de bosque cargadas de cigarras
pinos
de múltiples y largos brazos desperezados
                de múltiple y torpes brazos agotados
como vencidos de sí mismos, del invierno que se ha
 ido
                         del invierno que se viene.

RAÚL BUENO
Misivas de la Nueva Albión
(Cascahuesos Editores, 2014)

I

EL TRANSTIERRO

Transtierro

Es preciso comenzar introduciendo el término TRANSTIERRO en su contexto histórico, para después pasar a definir la actual condición en la que vivimos y sobrevivimos los que hemos dejado nuestro terruño natal para emigrar a ultramar en busca de un mejor futuro. El término *transtierro* lo introdujo por primera vez en el ámbito intelectual, en 1943, el filósofo y exiliado español José Gaos (1900-1969). Gaos utilizó el término explícita y específicamente para referirse a los exiliados españoles en México. Quiso significar que los españoles encontraron en México una acogida distinta a la que encontraran otros exiliados de países europeos de su época, y con ese término quiso puntualizar que los españoles pudieron encontrar una cierta afinidad en el idioma y en gran parte cierta continuidad cultural, lo cual les permitió proseguir y ampliar las obras político-culturales que habían emprendido en España. También quiso denotar que dada la generosa acogida del gobierno y del pueblo mexicanos, México llega a convertirse y "se constituye en la 'extensión' y el 'destino' de la patria misma, para denominarse empatriados. Es decir, se entiende como empatriado el no haber dejado la tierra patria por otra extranjera, más bien es el traslado de una tierra de la patria a otra. Esta extensión y destino aleja al término de lo que se entiende por desterrado, para especificarse en el de transterrado"[1]. Transterrado en este contexto se puede entender como la continuación de lo español en México. Podríamos ofrecer una analogía, para ilustrar el sentido del término según Gaos, al decir que es como si se refiriera a una planta, digamos un naranjo valenciano, que desde España se lleva y se siembra en México; o sea, se trasplanta. En México continúa produciendo naranjas valencianas, pues el clima es igual de favorable para el naranjo.

El término TRANSTIERRO (y por ende transterrado) lo utilizaré aquí con un nuevo sentido que se aleja de la idea de continuidad propuesta por Gaos; más bien afirmo y destaco la circunstancia transitoria, o de tránsito, al igual que la de ruptura, para definir esta condición en que existimos. El emigrante del Caribe Hispanohablante que llega a los Estados Unidos se encuentra con un panorama distinto, tanto geográfico como cultural: otro idioma, otras costumbres, y, en la mayoría de los casos, otro clima. Una transición de Toledo a

17

Guadalajara no es igual a una transición de Santiago de los Caballeros a Chicago.

Enfocándome en esa circunstancia transitoria, que conecta como un guión los extremos ruptura — continuidad, me referiré al término en cuanto a su aplicabilidad a aquellos que vivimos sobre ese puente que nos conecta con nuestras múltiples realidades e identidades; por un lado, la realidad del mundo en que vivimos y sobrevivimos, *vis à vis*, la realidad de ese otro mundo de donde venimos y con el cual nos mantenemos en contacto; y, por otro lado, la identidad con la que nos desenvolvemos en nuestro diario vivir (que cubre desde donde trabajamos, con quién compartimos y en qué idioma nos comunicamos durante la hora de almuerzo, etc.), *vis à vis*, la identidad con la que nos desenvolvemos en el hogar y con la que nos relacionamos con familiares y amigos tanto en el nuevo país como en el país de procedencia.

El transtierro lo podríamos ilustrar como *trans—tierro* o entre tierras si lo contextualizamos en paralelo con la palabra transatlántico: al otro lado o a través del Atlántico; o sea, no de un lado ni del otro, sino que en medio, sobre el puente imaginario, en el espacio intermedio que conecta los dos lados de ese océano. Aquí el prefijo *trans-* (en ambas significaciones de "al otro lado" y "a través de") hay que tomarlo literalmente como un lugar o espacio físico. Si nos colocamos mentalmente en el significado de "al otro lado", nos damos cuenta que el mismo nos posiciona física o mentalmente en un extremo o lado de algo, pero con la mirada y la intención fijadas o apuntando hacia el otro extremo o lado. Asimismo, si nos colocamos en el significado de "a través de", la posición física o mental resultante es en un punto medio, ni de un lado ni de otro. Partiendo de ese posicionamiento puedo entonces decir que **transtierro** es *esa condición que define a los que estamos (física, mental o emocionalmente) entre tierras, países, patrias, hogares, etc.; los que no estamos del todo ni de un lado ni del otro.* Vale notar que esta es una condición del mundo de hoy, la cual viene siendo el resultado directo de la emigración, que es lo que los humanos hemos hecho a través de la historia de la existencia para poder sobrevivir.

Si aceptamos el término en su calidad de espacio intermedio, podemos entonces ver con facilidad cómo esa analogía del trasplante del naranjo se complica al aplicarla a la nueva realidad/condición. Un naranjo valenciano no puede plantarse y de inmediato continuar produciendo naranjas en Chicago o en Portland; para ello sería necesario un proceso de injerto o adaptación genética actualmente inexistente. Tal experimento tendría requisitos: ya sea que se traiga un árbol y se ponga en un terreno con cierto nivel de climatización —digamos llegar a un barrio como *Washington Heights* en Manhattan, o *La Pequeña Habana* en Miami— lo cual sería la mejor pero más lenta transición para los inmigrantes adultos; o que se traiga una yema y se injerte en un troco con la disposición genética para sostenerse vivo en los inviernos (el caso de los que llegan niños o nacen en el nuevo país de padres recién llegados); o se traiga el árbol y se corte el tronco y sobre sus retoños (de sobrevivir las raíces) se injerte una yema de naranjo genéticamente alterado, cuyo producto no sería necesariamente una naranja valenciana sino que podría, inclusive, llegar a ser otra cosa: una manzana o un durazno (que sería el caso extremo de una dolorosa transformación que más adelante abordaré).

Hoy por hoy son millones de personas que, como nosotros que vivimos en ultramar, han abandonado su tierra natal en busca de una mejor vida; lo han hecho hasta cierto punto de forma voluntaria, inclusive cuando han sido forzados por presiones económicas (de aquí que se haya utilizado el término "exiliado económico") o de otra índole; lo han hecho casi deseosamente. O sea, han querido, deseado o ambicionado la emigración ya sea legal o ilegalmente. Los que lo han hecho legalmente o han obtenido el estatus migratorio legal en los Estados Unidos[2] tienen la oportunidad de volver al terruño natal, en cualquier momento y empujados por el más mínimo ataque de *"nostalgia maldita"*. Es imperante apuntar esta ventaja de transportación, que hoy en día le permite a un emigrante del cono sur estar de regreso en su país natal en cuestión de catorce horas (y a un caribeño, en cuestión de tres o cuatro). Esto no era tan fácil setenta u ochenta años atrás, cuando los viajes internacionales se realizaban, en su mayoría, en barco y un ataque de nostalgia no era lo suficientemente poderoso como para producir un viaje de México a España o de New York a Puerto Rico. Es pues que, en cierta medida, estamos hablando de una condición del mundo de hoy, el cual mediante su modernidad y sus avances tecnológicos ha hecho del globo terráqueo una pequeñísima esfera, si la comparamos con el mundo de siete u ocho décadas atrás. Esta modernidad y estos avances tecnológicos son los que hacen posible que hoy nos podamos mantener en constante contacto con lo que en otros tiempos simple y forzosamente tenía que ser dejado atrás. El inmigrante de hoy, a diferencia del inmigrante de las primeras ocho décadas del siglo pasado, puede mantenerse en contacto diario con "su pasado" mediante la televisión, el teléfono, el correo electrónico, el internet, etc., etc.; en pocas palabras, tiene acceso a todo: desde los periódicos, hasta las video-teleconferencias con los familiares y amigos mediante *Skype, FaceTime* u otros medios tecnológicos.

Exilio

A este punto es necesario precisar la diferencia entre la condición de transtierro y el concepto del tradicional "exilio" (en su circunstancia de expatriación forzosa por motivos políticos). El exilio político no es el resultado de una opción o condición deseada por aquellos que han querido, deseado o ambicionado salir de su patria y que lo han hecho de forma voluntaria y deseosa; por el contrario, el exilio, en la mayoría de los casos, es una condición forzada, obligada, dolorosa y desgarradora donde la vida (en el peor de los casos) y la libertad (en la mejor de las condiciones) dependen de ello. El exilio en muchos casos sucede en situaciones en las cuales el individuo se encuentra inevitablemente comprometido con una lucha o causa a favor de su patria; una lucha a la que ha dedicado palabras, saliva, sudor, sangre, persona y vida. Y en un momento ese individuo es abruptamente removido, expulsado, desterrado u obligado a huir desesperadamente y sin aviso previo, dejando atrás todo lo hecho y por hacer (familia, vida y vienes) y creando así una circunstancia de desarraigo, desposesión y muerte.

El exilio también carga consigo ciertos elementos de culpabilidad con relación a los camaradas que se quedan atrás. El exiliado vivirá por mucho tiempo una especie de martirio y mortificación, acosado por el sentimiento o síndrome de culpa de sobreviviente, pues no podrá evitar sentir cargo de consciencia por estar vivo, sabiendo que sus camaradas y familiares quedaron atrás y expuestos a peligro de muerte, a ser desaparecidos, torturados, apresados, perseguidos, o a tener que sobrevivir huyendo. De aquí que la vida del exiliado se convierta en una lucha obsesiva por y para el país (la patria) de la cual ha sido arrancado. Este exilio, y la preocupación por la situación dejada atrás, lo vivirá en carne propia en comunicaciones y actividades; ya sea haciendo denuncias, escribiendo artículos, organizando grupos de apoyo, iniciando campañas de concientización, recaudando fondos, etc. Esto también implica que por un largo e indeterminado espacio de tiempo (que puede durar desde unos meses o años, hasta décadas o toda una vida), el individuo no va a desempacar su maleta del todo. Siempre tendrá esa maleta debajo de la cama o detrás de la puerta y lista para cuando llegue el anhelado momento de regresar, pues su única meta es regresar a su país; la vida revolverá alrededor de ello. Son incontables las historias contadas por los hijos de exiliados sobre esa sensación de vivir en una situación transitoria, donde en cualquier momento esperaban que sus padres les dijeran: "¡Nos regresamos hoy mismo!" Vale citar lo que explicara Richard Blanco (poeta cubano-americano, quien fue el poeta inaugural en la segunda inauguración presidencial de Barack H. Obama, presidente de los Estados Unidos,). Cuenta Richard Blanco que recuerda que de niño veía a su padre, con el periódico del día en las manos, conversar con los vecinos sobre cómo iba la cosa de la resistencia en Cuba, y pensaba que en cualquier momento su padre interrumpiría la conversación para voltearse y decirle: "¡Nos regresamos a Cuba hoy mismo!".

Sucede con el exilio que, dependiendo de cuan larga sea la estadía, éste se puede convertir en una condición similar al transtierro y en el transtierro mismo. Está precisamente el caso de los exiliados españoles en México, para quienes en 1975 desaparecen en España las condiciones políticas que determinaron su exilio. Y entonces ¿qué hacer? ¿Recogerlo todo, levantar campaña y volver a la Madre Patria? Pues no, no necesariamente; no es tan fácil ya después de tantos años. Justo a esta sazón cito lo que dijera el filósofo, escritor y profesor "hispanomexicano" Adolfo Sánchez Vázquez[3] sobre los poemas que escribiera en México, en su temprano exilio en ese país, en los primeros años de la década de 1940:

> (Fueron) escritos en los años más duros, nostálgicos y a la vez ilusionados del exilio en México, de un exilio vivido —no obstante la generosa acogida del gobierno y del pueblo mexicanos— como el desga-

rrón más doloroso de la patria perdida, con la obsesión constante y esperanzada de una vuelta que no se cumplió y que, cuando pudo cumplirse, el destierro ya se había convertido, para los supervivientes, en 'transtierro'. (Periódico *La Jornada*, 2005)

Vale notar, de forma explícita, que aunque Adolfo Sánchez Vázquez volviera a España, donde también enseñó, recibió varios honores y fue declarado "hijo adoptivo" de Málaga, terminó laborando, enseñando, escribiendo y viviendo el resto de su vida en México, donde murió a la edad de 95 años.

Tenemos en estos momentos el botón de rosa de la situación cubana, pues parece ya inevitable que la situación cambie y que desaparezcan las condiciones políticas o los impedimentos que provocaron el exilio. Cuando eso suceda, el término "exiliado" será sustituido, como en el caso de los españoles en México, por el de transterrado, pues hay ya raíces plantadas que son muy difíciles o imposibles de arrancar.

Un ingrediente que, tanto en el caso de los exiliados como en el de los transterrados, contribuye a que el individuo llegue a plantar raíces y a desarrollar querencias en el país que lo hospeda, es que el país huésped tiene sus propios atractivos, sus propios encantos y ciertas ventajas que no tiene ni ofrece el país de procedencia (lo cual es el indudable caso de los Estados Unidos como huésped). Los Estados Unidos ofrece una "bondadosa bienvenida", un cierto orden, una cierta libertad, un sinnúmero de oportunidades y garantías; todo esto eventualmente llega a crecer en el interior de cada individuo y provoca que, poco a poco, se vaya desempacando esa maleta que estaba siempre preparada para el regreso. Es mediante el desempacar de esa maleta que el individuo puede comenzar de verdad a aceptar lo que le ofrece el país que lo hospeda. Y mucho más significativo es el hecho de que a partir de ese desempacar de las maletas es cuando ese individuo puede comenzar a invertir y a aportar cívica y emocionalmente en el país huésped. Dicho aporte es como una forma de devolver o dar un poco de sí mismo, ya sea en reciprocidad o en muestra de gratitud por lo que ha recibido de la nación que lo ha recibido y donde ha comenzado a echar raíces (Stolowicz 2011, 1).

Ahora bien, ya sea exilio como causa y condición, o sea transtierro como decisión y efecto, ese desplazamiento inicial siempre representa, en lo emocional y práctico, innumerables rupturas, pérdidas, desconcierto, confusión, dolor, desarraigo, nostalgia, etc. y en lo psíquico e interior una amalgama de identidades compartidas o, en muchos caso, reinventadas.

FACTORES DE LA INMIGRACIÓN

Para posteriormente entender a cabalidad el fenómeno y condición del transtierro, se hace imprescindible hablar un tanto de lo que sucede cuando una persona sale de su tierra natal y emigra, ya sea de forma voluntaria o involuntaria, para comenzar de nuevo o hacer vida en otro país. Como ya indiqué anteriormente, quiero concentrar el foco de atención sobre la emigración desde los países del Caribe hispanoparlante (Cuba, República Dominicana y Puerto Rico) hacia los Estados Unidos, para establecer así parte del marco dentro del cual construiré el material central de este trabajo. Empero, no se puede, por omisión, descartar la experiencia de todo inmigrante de hoy que haya venido de otro país de cultura e idioma distintos. Los rasgos, vivencias, condiciones y experiencias han de presentar efectos similares, aunque se trate de la emigración de Chile a Canadá, de Angola a Alemania, de China a California, etc.

Cuando una persona llega por primera vez a un país que representa, en lo inmediato y a largo plazo, una nueva cultura y un nuevo idioma, muchos factores influyen en el proceso de adaptación. Entre tales factores es indispensable mencionar los siguientes:

El nivel de educación de la persona: esto es de suma influencia pues a mayor educación, mayor conocimiento de la cultura (y en ciertos casos hasta de la lengua) del país huésped y del propio país de procedencia, más rápida es la transición o adaptación. Esto puede agilizar o hacer más fácil el proceso de adaptación, aunque por sí solo no es garantía alguna. Por otro lado, en esta esfera educativa, ha quedado comprobado que ser analfabeto en su propia lengua, es uno de los mayores obstáculos que confrontan los inmigrantes adultos para aprender la nueva lengua y navegar el nuevo sistema.

La clase o posición socio-económica del individuo: aunque por lo general existe una correlación directa entre la clase socio-económica y el nivel de educación, no siempre es el caso, particularmente en el Caribe donde, por falta de institucionalidad por un lado, como es el caso de la República Dominicana donde una persona puede tener un bajo o inexistente nivel de educación y pertenecer a las altas esferas de poder político/gubernamental o tener un alto nivel socio-económico; y por otro lado, dada cierta abundancia de institucionalidad, como suele suceder en Cuba, una persona puede tener un alto nivel de educación y pertenecer a un bajo nivel socio-económico y viceversa. He citado a Cuba y República Dominicana como los casos de extremos, donde un cirujano se gana la vida como mesero, o un mesero puede ser hoy senador, gobernador o embajador, y millonario. Tomando en cuenta esta salvedad, la procedencia de una alta posición socio-económica le permite al recién llegado una transición menos dificultosa en cuanto a los aspectos prácticos de la vida diaria (residencia, comida, escuela) y mayor acceso al país de procedencia (ya sea por llamadas telefónicas más frecuentes, o por viajes y visitas regulares).

La edad del individuo: esto es casi proporcional con su habilidad para absorber la nueva cultura e idioma; mientras más joven, más fácil. Esto, sin embargo, puede llegar a complicarle la vida al individuo, pues más palpablemente lo acercará a una dualidad lingüística que con el tiempo le dificultará su reinserción en la cultura de la "Madre Patria" y, a su vez, no le garantizará su completa inmersión en la cultura y el idioma de la nueva patria. En poco tiempo, los jóvenes inmigrantes se convierten en los primeros en habitar en ese puente sobre el cual sobrevive el transterrado, ya que, por fuerza, de inmediato entran en la dualidad de dos mundos (a veces contradictorios): el de los padres y el que enfrentan al salir a la calle. Ellos, por lo tanto, se ven obligados a negociar ambos mundos constantemente y de forma permeable. La influencia de la edad la podemos dividir en al menos tres etapas: *Infancia* (los que llegan niños); *Los alfabetizados* (esos que llegan jóvenes, habiendo comenzado su educación en la Madre Patria y ya alfabetizados), y; *Los adultos* (los que llegan, al menos, en edad laboral con o sin educación previa).

Los que llegan en su etapa de *infancia* o niñez son los que, dependiendo de su crianza y las opciones y elecciones de los padres, serán los segundos a quienes les es aplicable el término o condición de transterrado, ya que cobrarán consciencia de su condición según se vayan integrando a la sociedad civil. Son los que por lo general se educan y alfabetizan en un solo idioma y de forma monolingüe, y crecen con la necesidad de usar un idioma para hablar con profesores y amigos y desarrollar su vida social entre compañeros de juego y de escuela, y el mundo presente y circundante; y usar otro idioma para hablar y comunicarse con los padres, tíos, abuelos, primos, etc. que es como mantener o establecer relaciones con ese otro mundo de sus padres que poco a poco se les irá convirtiendo en foráneo. En el caso de nuestro enfoque en los Estados Unidos, estos niños crecen con el idioma inglés en la boca y la "cultura americana" en su entorno; y con el idioma y la cultura de sus padres en los oídos, en el corazón, en la sangre, en el color de la piel, en los cabellos, en un peculiar orgullo por (e identificación con) la patria dejada atrás, y en sus subconscientes, aunque, a la vez esa patria se vaya convirtiendo más y más en una especie de cuento de hadas o mundo fantástico donde todo es distinto. Al mismo tiempo, esa patria dejada atrás no los conoce, e incluso llegará a no reconocerlos y hasta a negarlos. Son los primeros que sin saberlo tienen que jurar lealtad a dos culturas y a dos patrias, y a quienes ninguna de las dos los llegará a aceptar del todo. Citemos por ejemplo el caso de Junot Díaz: en los Estados Unidos es considerado como un escritor "dominico-americano" (vale notar que nadie dice que William Carlos Williams fue un poeta américo-puertorriqueño, a pesar de que su madre era puertorriqueña); y en la República Dominicana hay quienes se rehúsan, de forma acérrima, a reconocer a Junot Díaz como dominicano, y esto es, hoy por hoy, tema de constante debate. Díaz representa el paradigma perfecto de este caso: su vida es como el ejemplo vivo de esta condición, mientras que su obra es como la documentación de ese proceso de adaptación. No es descabellado teorizar que su obra es tan popular (y tan bien recibida) porque cuenta o documenta la historia y el proceso de inmigrantes que han venido de todas partes del mundo y quienes se ven reflejados en su obra. Cierto que hay otros escritores que han abordado ese tema de la transición, como la cubana Cristina García con su Dreaming in Cuban, la dominicana Julia Álvarez con su How the García Girls Lost Their Accent, y el puertorriqueño Piri Thomas con su Down These Mean Streets, para citar unos cuantos; pero ha sido la obra de Junot Díaz la que ha podido desplegarse y extenderse más allá de los contornos de la susodicha latinidad, al llegar en un momento en el que los de su condición, generación (esos que han compartido su experiencia) tienen acceso a esta historia en formas sin precedentes.

Los que llegan como jóvenes *alfabetizados* en el idioma natal y habiendo obtenido cierto nivel de educación (como en mi caso), al entrar en la escuela, enfrentan el nuevo idioma cara a cara, y por ende llegan a adquirir sus habilidades lingüísticas de forma acelerada, empujados por una necesidad de subsistencia. Son los primeros a quienes les es aplicable el término o condición de transterrados, pues de inmediato se convierten en los "asistentes" de sus padres para ayudarlos a diario a navegar el nuevo sistema, cultura y lenguaje; son los "traductores" en las citas médicas, en las tiendas, en los bancos, en las oficinas gubernamentales y en las escuelas. De inmediato se ven obligados a montarse en el puente del transtierro para, de forma híbrida, poder navegar entre la nueva cultura, idioma y sistema y la cultura, idioma y sistema en que se desenvuelven sus padres, para poder ganarse la vida. Estos tienen la oportunidad o ventaja de poder desarrollarse siendo completamente bilingües y biculturales.

Los *adultos* que llegan de edad laborable, particularmente si sus niveles educa-socio-económicos son bajos o medianos (como es el caso de la mayoría), son inevitablemente los que sufren más, y los que estadísticamente terminan siendo los transterrados monolingües, pero quienes de inmediato reconocen las ventajas y oportunidades que ofrece el nuevo país y la nueva cultura. Son éstos los que terminan abrigando esa esperanza de un día volver al terruño, y volver a ser las personas que una vez fueron; por ende, a ellos les llevará mucho más tiempo el asumir (consciente o inconscientemente) esa nueva condición de transterrados. Cuando los adultos llegan siendo analfabetos, el ajuste lingüístico se les convierte en casi un imposible. Faltos de una base educacional en su lengua materna, no pueden lograr la transición pues el vacío no es solo lingüístico, sino que en muchos casos es de cultura y conocimientos en el más amplio de los sentidos.

Las razones para emigrar juegan un gran papel en cuanto a cuán fuerte o débil será la conexión con el país de procedencia, y cuán frecuente será el contacto con el mismo. Hemos apuntado que cuando la razón es el exilio, la conexión es mucho más fuerte o tan fuerte como el desarraigo de la experiencia. De ahí en más, las razones pueden ser tan triviales como capricho o ejercicio de la riqueza en la minoría de los casos, como lo pueden ser las razones de necesidad económica que resultan ser el mayor motor de la emigración y por ende la mayoría de los casos. Se da entonces que el emigrante, por razones de mejoría económica, vive una dualidad existencial: por un lado el querer traer a su familia y, por otro, el eterno sueño de "la retirada" o vuelta definitiva; o sea, el volver a su país natal con los bienes acumulados, montar un negocio y vivir en paz y prosperidad el resto de sus días (casi como en un cuento de hadas). Este anhelo lo llegan a convertir en realidad muchos inmigrantes, pero luego del intento se regresan a los Estados Unidos al darse cuenta que el país de origen no tiene ni puede ofrecer las garantías infraestructurales para sostener los negocios establecidos, o porque dejan hijos, pertenencias y raíces que terminan por atarlos al país huésped.

La actitud hacia el nuevo país es un factor determinante en relación a cuánto tiempo ha de pasar para que el individuo comience a desempacar su maleta, a aceptar, reconocer, integrarse y comenzar a contribuir en el país que lo hospeda. Esa actitud está muy ligada al ámbito político-histórico del país de procedencia y su relación con el país huésped. La actitud de un exiliado cubano para con los Estados Unidos puede ser muy distinta a la de un refugiado o exiliado nicaragüense o dominicano o puertorriqueño, pues el marco histórico de las relaciones de estos países con los Estados Unidos tiene muy marcadas tonalidades y diferenciaciones que unas veces son como de aliado y otras como de invasor. Cuando la actitud contiene la visión del país huésped como invasor imperialista, el inmigrante mantendrá una constante resistencia a aceptar los beneficios y bondades del país huésped y mostrará poco interés en integrarse a la vida cívica y política del mismo. Sin embargo, los viajes de visita al terruño abren la ventana del contraste y poco a poco no solo la aceptación comienza a manifestarse en la práctica, sino que hasta la retórica suele amansarse.

La ocupación que consiga el recién llegado es un factor muchas veces ignorado, pero que juega un papel determinante en su adaptación al nuevo entorno. El mejor de los casos es cuando el individuo puede ejercer en la misma profesión u ocupación que ejercía en su país de procedencia, pues esto le permite una cierta estabilidad, equilibrio y seguridad en un medio que fácilmente se presta para que el recién llegado se sienta incapaz, inútil, torpe e inservible. Influirán también aquellos quiénes lleguen a ser sus compañeros de labores, los cuales pueden servir de apoyo y de guía al tratar de transitar el nuevo sistema y sus diferencias, tanto en lo práctico como en lo socio-cultural. Aunque también habrá uno que otro compañero de trabajo que será una constante tortura para el recién llegado; se burlará de todo error y tropiezo, y esto unas veces servirá de estímulo de superación y otras veces será como un ancla que lo ate al fondo de su situación.

El lugar donde consiga vivir el recién llegado (ya sea ciudad, barrio o vecindario), será quizás uno de los factores de mayor influencia en el desarrollo y adaptación del individuo. El lugar representa ventajas y desventajas desde varias perspectivas; veamos: al dominicano que llegue a un *Washington Heights* le será mucho más fácil navegar esos primeros meses o años en el nuevo país, si lo comparamos a uno que llegue a vivir, digamos, a *Des Moines* en el estado de Iowa. Pero a su vez, en cuestión de cuatro o cinco años (y de sobrevivir los primeros años que son los más difíciles), el que llegó a *Washington Heights* seguirá comiendo plátanos, y de verse obligado a mudarse a una ciudad como *Des Moines*, representaría el tener que comenzar de nuevo en la nueva cultura y la nueva lengua (sería casi como llegar por primera vez). Por otro lado, el que llegó a *Des Moines* (y sobrevive allí esos primeros años) anhelará un mangú de plátano y añorará su patria con una inmensurable fuerza; se sentirá más dominicano que la tambora y, de verse obligado a mudarse a cualquier otra ciudad de los Estados Unidos (incluyendo a un barrio como *Washington Heights*), lo podría hacer con mucho menos dificultad, vicisitudes y sufrimientos. El arribo a un barrio de compatriotas puede representar una trampa para los inmigrantes adultos pertenecientes a círculos de intelectualidad y creatividad literaria, ya que muy fácilmente pueden aislarse dentro del país que los hospeda y vivir una vida intelectual y creativa estrictamente circunscrita al viejo mundo. De esa forma, nunca llegan a explorar plenamente las atracciones culturales que ofrece el país huésped —desde centros académicos, grandes bibliotecas y librerías, hasta museos, galerías, centros culturales, etc. En muchos casos, nunca llegan a ser partícipes de la vida artística, intelectual y cultural que se lleva a cabo a dos cuadras alrededor de sus barrios.

Los planes para el futuro que tenga el recién llegado, ya sea planes concretos o anhelos, son de gran peso e influencia en el desempacar de las maletas y en la integración a la vida civil del nuevo país. Si el plan es regresar cuanto antes al país de procedencia, esto creará una pared dificilísima de rebasar y será un constante impedimento para poder aprovechar a plenitud las ventajas y oportunidades que ofrece la nueva tierra. Si el plan de regreso es a largo plazo, las oportunidades incrementarán y se producirá el espacio para plantar raíces en la nueva tierra. Claro que, cuando el plan es "llegar para quedarse", esto puede sembrar la semilla de un corte total con el pasado, lo que en algunos casos desemboca en la negación de la identidad original y en una transformación forzosa (tema que abordaré más adelante al hablar sobre la estrategia del *Rechazo*) que no deriva en la condición de transtierro. Por último, miremos el factor de la distancia.

La distancia y las conexiones con el terruño son el último de estos factores que quiero denotar. Qué tan lejos queda el terruño natal y qué lazos existen con ese terruño. La cercanía del terruño y la facilidad del regreso (y hay que distinguir estas dos circunstancias como distintas, pues Cuba queda más cerca de los Estados Unidos que la República Dominicana, pero es mucho más fácil viajar a la República Dominicana que a Cuba[4]), son esenciales para facilitar la constante conexión y la habilidad de poder regresar en cualquier momento impulsados por el antes mencionado más mínimo ataque de "nostalgia maldita". La conexión y los lazos que unan al recién llegado con el terruño, ya sean de índole política o familiar, son también de gran influencia a la hora de continuar sembrando y desarrollando raíces en el terruño natal. El mantener esa conexión es como un prerrequisito o precondición necesaria para que el individuo sienta que tiene una obligación o juramento de lealtad con la cultura y la patria dejadas atrás, y tenga por necesidad que fluctuar entre los dos países o tierras, integrándose así a la condición de transtierro. Las conexiones suelen ser familiares, siendo el caso de haber dejado atrás a esposa o esposo e hijos. Cuando es así, ese es el lazo más pesado que une y conecta al recién llegado con el país dejado atrás; tanto en el diario vivir y constante envío de remesas, como en los planes de algún día poder traer la familia a vivir en "las maravillas" del nuevo país (aunque esta idea contradiga ese otro deseo —consciente o inconscientemente— de poder algún día regresar de vuelta a vivir en el terruño).

Opciones lingüísticas

A su arribo, el recién llegado tiene que enfrentarse, inevitablemente, a la nueva lengua para sobrevivir, no solo en lo práctico, sino que también para satisfacer la necesidad existencial de la identidad, la cual está inseparablemente ligada al idioma. A través del lente de las posibles opciones lingüísticas, y considerando los factores antes expuestos, adentrémonos un poco, aunque de manera macroscópica, en la experiencia misma del que llega por primera vez a un país de cultura, sistema e idioma distintos. En primer lugar es necesario reconocer que toda emigración de por sí, y en particular este tipo de emigración, representa un desarraigo y una ruptura que ineludiblemente acarreará conflictos y dificultades para el inmigrante; no se trata de unas vacaciones, sino de un cambio de vida. A su arribo al nuevo país, el recién llegado de inmediato pasa de ser una persona completa (con una identidad definida y en un entorno conocido y familiar que lo reconoce y lo acepta como parte de sí), a un estado o situación donde nada ni nadie le es familiar (inclusive su persona misma). De repente está en un lugar donde no es conocido ni reconocido, donde su identidad desaparece, donde su simple llegada lo convierte en un ser casi invisible, sin voz ni voto. En pocas palabras, en cuestión de horas, la persona pasa de existir en lugar en donde es admirado o respetado, y si no, en su defecto, es tolerado y admitido como parte de la tela que conforma esa sociedad (donde ha vivido y donde seguramente viven o vivieron sus padres y abuelos, y donde probablemente yacen los huesos de sus ancestros), a dudar de su propia existencia. O sea, de pronto se encuentra en un lugar donde su presencia no cuenta, donde solo tiene como pertenencia segura el espacio donde esté parado y la ropa que lleve puesta; pues nada más, en absoluto, está seguro y todo puede desaparecer, en cualquier instante, y sin aparente explicación racional. Es el individuo frente a lo desconocido. Ineluctablemente surge la necesidad de resolver de alguna manera la situación, de reconciliar de alguna forma lo que se era y lo que se es, el ayer con el hoy, el pasado con el futuro, el allá y el aquí. ¿Cómo, entonces, lidiar con esta nueva realidad y reconciliar la identidad propia? La resolución no se da, ni puede darse, tan rápidamente ni a la velocidad con la que se presenta la nueva realidad, sino que obligatoriamente tiene que atravesar por un proceso, muchas veces largo. De dicho proceso podemos enumerar las resoluciones u opciones más generales, basándonos en el uso del lenguaje o la opción en la expresión lingüística como instrumento de medida en cuanto a la resolución o reconciliación de la identidad propia en el marco de la nueva situación, y, en contraposición a la situación e identidad dejada atrás. Ese proceso conlleva a tres posibles resoluciones denominadas como: "Asimilación", "Rechazo" o "Convivencia". Veamos:

La *Asimilación* (también acuñada como la OTRA identidad) se basa en una completa metamorfosis en la que el individuo se hace parte del nuevo mundo, sistema, cultura e idioma. Ariel Dorfman, el expatriado chileno, nacido en la Argentina, hoy ciudadano de los Estados Unidos y distinguido catedrático de literatura en Duke University, habla de esto y dice:

> Una estrategia, de seguro, es la asimilación: el inmigrante busca convertirse en parte integral de la nueva sociedad, trata de olvidar o esconder el idioma materno, quiere diluir su acento, quiere creer que todos los lazos con el pasado pueden cortarse, quiere pretender que los muertos están de hecho muertos, completamente muertos. Y si los inmigrantes originarios no logran este objetivo — pues la lengua materna no se puede quitar y botar como una media vieja— siempre conservan la ilusión de que ese 'status full' en la nueva sociedad se materializará con los hijos o, eventualmente, con los nietos, conjeturando que el retoño de algún condescendiente pueda sobreponerse a la maldición de una doble existencia bilingüe. (Dorfman 2003, 31)[5]

Esta estrategia de asimilación es uno de los extremos en el que la persona busca conseguir una identidad única (sin dobles, sin bifurcaciones), utilizando una especie de borrón y cuenta nueva; es un comenzar de nuevo, un reinventarse. Esta estrategia requiere una consciente, activa, dolorosa y casi torturadora práctica que obliga o exige que el individuo se someta a un proceso cuya meta única es conseguir que la persona se asimile por completo a la nueva cultura y domine por completo el idioma. Esto sería como cortar el árbol por el tronco e injertar los retoños. En este afán, la persona busca activa o pasivamente fundirse en, o confundirse entre, la nueva cultura. Y esta fue la estrategia que asumieron grandes olas migratorias que llegaron a los Estados Unidos a principios del Siglo XX desde países como Italia, Polonia, etc. Vale notar que cuando el recién llegado viene con familia, impone una dictadura que hasta prohíbe se pronuncie palabra alguna en el idioma materno. La idea es cortar todo lazo con el pasado, pues la persona se convence así mismo de que ha llegado para quedarse, y de esta forma se somete a un doloroso proceso de aprendizaje, transformación y negación: cambian a la OTRA identidad, que es equivalente a emprender una vida monolingüe.

Esta estrategia conlleva a los cambios de nombre: los antes "Pedro" pasan a ser "Peter", los "Juan" se convierte en "Johnny", las "María" se vuelven "Mary", los "Ramón" se convierten en "Raymond", y aparecerán los hijos llamados "Washington" y apellidados "Smith". Empero, debo señalar que esta estrategia ha ido desapareciendo con el pasar de los años y la aceptación y promoción de las ideas de diversidad, que poco a poco van borrando o erradicando la vieja doctrina del "Melting Pot"; o sea, la doctrina de la olla o caldero fundidor, donde todo podía derretirse, fundirse y ser parte de la sopa americana. Esta fue la estrategia utilizada en la mayoría de los casos de familias e individuos que llegaron a los Estados Unidos como parte de las olas migratorias causadas por la Primera Guerra Mundial, la Depresión y la Segunda Guerra Mundial. Los casos de la participación migratoria desde el Caribe Hispanohablante, como parte de esas corrientes y causas, han sido poco documentados. Temiendo lo que bien pueda ser una especulación atroz, nos podríamos aventurar a decir que la razón por la cual hoy no tenemos pruebas múltiples y asequibles de dichas transformaciones, es porque fueron sumamente efectivas en conseguir cortar todo lazo con el pasado y llegar a confundirse y fundirse en la nueva sociedad, y hoy son los Peter Smith Jr. que andan sueltos por ahí y que no pueden a cabalidad explicar por qué tienen el pelo un tanto rizo. Pero no, tal especulación es atroz y, de ser cierto, se ha dado en poquísimos casos.

El *Rechazo* (también denominado como la identidad UNICA) es el otro lado de la moneda de la asimilación y se da como el extremo opuesto. Aquí el individuo asume una estrategia de auto-preservación al rehusarse a aceptar la cultura, el sistema, el idioma, etc. del nuevo mundo. Ariel Dorfman se refiere a este "modelo de rechazo" y lo explica de la siguiente manera:

Lo opuesto a esta solución [la estrategia de asimilación] es lo que podría denominarse como el modelo de rechazo: he visto a compatriotas chilenos míos quienes, veinticinco años después de haber sido borrados por primera vez de su tierra, continúan tercamente rehusándose a aprender más de unas pocas palabras de la lengua del país que los hospeda; sus caras y sus corazones nostálgicamente fijados en su remoto país, sus lenguas repitiendo coloquialismos que, de hecho, ya han caído en desuso en la tierra natal. No es necesariamente una táctica destinada al fracaso. Ellos planean algún día regresar a Chile, hacer la travesía de regreso y darse el gusto, de esa forma, como lo hacen muchos emigrados kurdos y marroquís, indonesios y coreanos, nigerianos y mexicanos en situaciones similares, en una táctica de sobrevivencia cultural que se aferra a la lengua materna como una entidad intacta y pura, *un puente* [énfasis mío], o un depósito de pago del boleto de regreso a casa. (Dorfman 2003, 31)

Esta estrategia de "modelo de rechazo" es, quizás, la mayor y más frecuente práctica que podemos señalar entre los inmigrantes caribeños, la cual, ya sea en la práctica de forma consciente o inconsciente, se puede evidenciar principalmente entre los emigrantes adultos, quienes llegan y en su mayoría se asientan en ciudades como Miami o Nueva York (y en sectores como *La Pequeña Habana*, *El Barrio* o *Washington Heights*). Esto es, claro está, sobrevivir mediante la opción menos dificultosa. Y aquí es imprescindible denotar que ese modelo es practicado independientemente del nivel de educación de la persona, pues esos barrios están rebosados de intelectuales cuyo inglés, después de más de diez años de sobrevivencia en los Estados Unidos, no sobrepasa al inglés del que versó Nicolás Guillén en su poema "Tú no sabe inglé": "tu inglé era de etrái guan / de etrái guan y guan tu tri". En la práctica de esta estrategia del "modelo de rechazo" que apunta Dorfman, la persona no asimila la nueva cultura ni el idioma, pues se rehúsa (ya sea de forma activa y consciente o de forma pasiva e inconsciente) a aprender, o aprende sólo lo mínimo y absolutamente necesario para sobrevivir. La persona vive acuñando siempre la esperanza de algún día regresar a su país, aferrándose así, de forma casi irracional, a una identidad ÚNICA o singular y ejercitando, por ende, una vida monolingüe. Y aunque parezca una opción (algo que el individuo escoge), en la realidad y en la práctica, muchas veces no lo es. Los adultos tienen que comenzar de nuevo, y los aspectos mecánicos de la existencia (trabajar, comer, dormir, etc.) se realizan necesariamente por instinto de sobrevivencia. Por otro lado, los aspectos intelectuales (el aprender otra lengua, el desdoblar la identidad) se dan por el ejercicio del libre albedrío, por elección, opción o deseo consciente. Y cuando la necesidad se impone sobre la voluntad, el resultado no lo podemos considerar como el fruto de una elección u opción.

Al mantener una identidad única y monolingüe se dará el caso de los intelectuales y escritores que continuarán teniendo cierta vigencia en el país de origen, pero siempre tendrán que esforzarse y pelear para que se les incluya y se les tome en cuenta; no podrán bajar la guardia un segundo o los echan en el saco del olvido y no los publican, no los invitan, no los leen y no los toman en cuenta para nada. Inevitablemente serán considerados, en el mejor de los casos, bajo el rótulo de "Ultramar" o "diáspora", y en el peor de los casos como "los de afuera" y hasta como "los traidores". Y aunque mantenerse al tanto y vigente en el acontecer diario del país de origen, es mucho más fácil hoy que treinta años atrás (pues estamos a distancia de sentarnos frente a una computadora y tener acceso inmediato a todos los periódicos y opiniones sobre lo que pasa a diario en el país de origen, y a cuestión de unos teclados para enviar opiniones o a hacer comentarios en directo), esto se logra no sin otro sacrificio. Ese otro sacrificio implica vivir a ciegas e ignorando el acontecer diario del entorno inmediato en donde se vive. Es no leer el *Wall Street Journal* ni la *New York Times Magazine*; es, en el peor de los casos, no poder opinar inteligentemente sobre lo que pasa en derredor en el contexto local, estatal o nacional, ni sobre arte, ni sobre historia, ni sobre política. Es vivir ausente dentro del entorno intelectual en donde uno se encuentra. Es, en el sentido metafórico, como si nunca hubiese dejado la isla; y, en el sentido práctico, estar viviendo aislado dentro de un continente.

Las dos estrategias u opciones antes puntualizadas (el Modelo de Rechazo y la Estrategia de Asimilación) representan los casos extremos y también representan la identidad monolingüe de un lado o del otro: los que, por un lado, adoptan la OTRA identidad y renuncian a su lengua materna imponiéndose (sobre sí y sobre sus hijos) la identidad monolingüe del país huésped; y los que, por el otro lado, mantienen una identidad ÚNICA o singular y ejercitan una vida monolingüe aferrados a la lengua materna. Ambas opciones de monolingüismo encierran el atractivo de una identidad completa, íntegra, entera, singular, indivisa, inmaculada, sin bifurcaciones; son un intento de evitar ese tipo de existencia *janus-símil* que ha acosado a inmigrantes de todas partes y en todas las tierras donde se han asentado.

Apunta Dorfman que, de las dos opciones, la estrategia de asimilación tiende a ser la más fuerte, y dice que:

> Fuertes y efectivas instituciones se alinean en apoyo a las opciones monolingües. Primero y ante todo está el estado-nación con toda su historia y recursos ejerciendo su poder e influencia en la creación y aplicación de fronteras y límites, imponiéndolas en geografías y en cuerpos, en banderas y en himnos; así como también en las sílabas, cláusulas relativas e interjecciones, identificando así la nación con una lengua como un bastión contra las contaminaciones extranjeras. Siempre alerta respecto a la necesidad de controlar y homogeneizar su población en el nombre de la seguridad nacional y el orden interno. (Dorfman 2003, 31)[6]

La *Convivencia* de los dos mundos se manifiesta en lo que, de aquí en más, prefiero referirlo como *Alternativa Bilingüe*. Si bien las opciones de Asimilación y Rechazo representan los extremos de la Otra y Única identidades, la *Alternativa Bilingüe* viene a representar el centro o término medio de la experiencia migratoria; es una tercera opción, la opción bilingüe y, por extensión, bicultural. En la *Alternativa Bilingüe* se conjugan todos los factores antes desglosados: el nivel de educación del recién llegado; la clase o posición socio-económica a la que pertenezca el individuo en el país de origen; la edad del individuo en el momento de su llegada al nuevo país y nueva cultura; las razones para salir del país natal y aventurarse a (o verse forzado a tener que) buscar fortuna en otra sociedad, cultura y sistema; la actitud que tenga el inmigrante hacia el nuevo país que lo acoge (ya sea favorable, desfavorable o hasta antagónica); la ocupación o trabajo que consiga a su llegada y si puede o no ejercer en el mismo campo en

que ejercía como parte de la economía de la nación de procedencia; el lugar (ciudad, barrio o vecindario) donde el recién
llegado logre establecer residencia; los planes para el futuro
(regreso inmediato o planes de estadía prolongada o indeter-
minada); y, por último, qué tan lejos quede el terruño natal y
qué conexiones existan con ese terruño (políticas, económicas,
sociales y familiares). El individuo, en el marco de la *Alternativa Bilingüe*, ya sea por elección (por lo general como parte
de los planes que tenga para el futuro o influenciado por la
edad), o circunstancias (el lugar donde consiga vivir, lo que
llegue a ejercer, etc.) se inicia en lo que llegará a convertirse
con los años en una vida bi-dimensional, bifurcada; o sea, una
existencia doble y de permeabilidad lingüística en la que la
persona puede llegar a un estado de no saber a ciencia cierta
dónde queda ese lugar llamado "casa" o "país" o "nación"
o "patria", que es la condición propia del transtierro: aquellos que viven sobre ese puente que los conecta con sus múltiples realidades e identidades, obligados a declarar lealtad a
dos patrias, dos lenguas, dos culturas. Es vivir entre y con los
extremos de la OTRA y de la UNICA identidad.

La experiencia inicial, tanto la de las identidades de los
extremos (como representación de la identidad monolingüe),
y la del término medio circunscrita en la *Alternativa Bilingüe*,
representa el tener que sobrevivir por algún tiempo (y en
algunos casos por los primeros largos años de la experiencia
de inmigrante dentro de las nuevas lengua y cultura) con la
necesidad diaria de vivir en dos idiomas. Volvamos a citar
a Ariel Dorfman, quien expresa esa necesidad diaria de la
siguiente manera:

> No podrán evitar la necesidad de tener que vivir
> por muchos años en dos idiomas, bifurcados entre
> el idioma de dominio público, por un lado, en el que
> interroga la policía, el director de la escuela se queja
> de la conducta de los hijos, se abren y con dema-
> siada frecuencia se cierran cuentas de banco, se
> compran los alimentos, se ofrecen trabajos, se escri-
> ben los letreros y anuncios; y, por el otro lado, el
> privado y subjetivo conjunto de palabras que man-
> tienen a los recién llegados en contacto con el viejo
> terruño y la patria dejada atrás, y con las personas
> que antes fueron, las personas que creen todavía
> algún día volverán a ser. (Dorfman 2003, 30)

Para quienes han escogido, o les ha tocado vivir, la *Alternativa Bilingüe*, la vida significa —para parafrasear a Dorfman—: "la necesidad de vivir en dos dimensiones, jurar lealtad a dos culturas, usar un idioma para hablar con el cartero y otro para leer las cartas que le trae desde la patria hasta la puerta". En otras palabras, es ser residente de una existencia doble; es estar casado con dos idiomas; es vivir habitado por dos lenguas (o sea, con ellas dentro). Después que el individuo logra el "dominio" de los dos idiomas y cesa "la guerra en la garganta", es cuando se respira cierto aire de aceptación (no necesariamente de confianza, pues la expresión en ambas lenguas siempre llevará consigo la duda de la actuación, de la máscara, de que se es un impostor —no un ente original— en ambas lenguas, de que se habita sobre el puente que conecta las dos realidades e identidades, pero que no es lo uno ni lo otro, que no se está de un lado ni del otro: ni aquí, ni allá). El individuo puede encontrar sosiego en la idea de que, a pesar de ser un ente bifurcado y sin "patria", hay ventajas obvias en ser híbrido y abierto, pues es casi como cargar la medalla de honor del triunfo ante la larga y devastadora batalla de la emigración.

En la actualidad, y como el fenómeno más poderoso en la historia de la humanidad, tanto los nuevos inmigrantes como los que ya habitan sobre el puente del transtierro, tienen ante ellos una nueva y poderosa fuerza (que puede ser tanto una herramienta, como lo puede ser una trampa): el *Internet* y la asequibilidad a las tecnologías de comunicación[7]. Esto es algo con lo que inmigrantes de tres o más décadas atrás no tenían que lidiar, pero que hoy ejerce una gran influencia haciendo de la *Alternativa Bilingüe* casi una necesidad. El inmigrante de hoy está en contacto diario con el "viejo país" mediante los *e-mails* de amigos y familiares; el acceso a los periódicos; el "maldito Feibú", etc. Es ya casi imposible no mantener una relación "presente" con el "pasado". Situando este fenómeno tecnológico entre los factores influyentes, todavía no podemos acertar si sería en beneficio o detrimento a las condiciones que proporcionan la necesidad o desarrollo de la *Alternativa Bilingüe*. Lo que sí podemos afirmar es que es una poderosísima herramienta para mantenerse en contacto continuo y que se presta como el medio mediante el cual coexisten a la vez, tanto para los bilingües como para los monolingües, los dos idiomas y los dos mundos simultáneamente.

El transterrado utiliza dichos medios para comunicarse a la misma vez con las personas que conforman los círculos de su doble realidad y su identidad bifurcada, y encontramos así la presencia de mensajes, anuncios y comunicaciones bilingües. Vale la penar mirar el muro de *Facebook* de cualquier transterrado para evidenciar la presencia de ambos idiomas como muestra palpable de una existencia bidimensional y casada con dos idiomas.

Propongo resumir las tres opciones discutidas (la identidad ÚNICA, la OTRA identidad y la *Alternativa Bilingüe*), con el siguiente poema de la poeta "americana bilingüe" o "dominico-americana" Rhina P. Espaillat, titulado *Bilingual/ Bilingüe*, el cual presento de forma bilingüe (original y traducción mía).

Original:

Bilingual/Bilingüe

My father liked them separate, one there,
one here (allá y aquí), as if aware

that words might cut in two his daughter's heart
(el corazón) and lock the alien part

to what he was—his memory, his name
(su nombre)—with a key he could not claim.

"English outside this door, Spanish inside,"
he said, "y basta." But who can divide

the world, the word (mundo y palabra) from
any child? I knew how to be dumb

and stubborn (testaruda); late, in bed,
I hoarded secret syllables I read

until my tongue (mi lengua) learned to run
where his stumbled. And still the heart was one.

I like to think he knew that, even when,
proud (orgulloso) of his daughter's pen,

he stood outside mis versos, half in fear
of words he loved but wanted not to hear.

Traducción:

Bilingüe/Bilingual

A papá le gustaban separados, uno allá,
uno aquí (there and here), como si se diera cuenta

que las palabras podían contar en dos el corazón
de su hija
(the heart) y cerrarle el lado foráneo

a lo que él era —su memoria, su nombre
(his name) —con una llave que él no podría
reclamar.

"Inglés de la puerta para afuera, español dentro",
dijo, "and that's it." ¿Pero quién puede dividirle

el mundo, la palabra (world and word)
a un niño? Yo sabía hacerme la tonta

y testaruda (stubborn); tarde, en la cama,
yo acumulaba sílabas secretas que había leído

hasta que mi lengua (my tongue) aprendió a correr
donde la suya tropezaba. Aun así el corazón era
uno.

Quiero creer que él lo sabía, hasta cuando,
orgulloso (proud) de la pluma de su hija,

se quedó parado fuera de my verses, mitad
temeroso
de palabras que amaba pero que no quería escuchar.

II

EL MARCO HISTÓRICO
DE LA EMIGRACIÓN CARIBEÑA Y LAS
POSTERIORES IDENTIDADES LINGÜÍSTICAS
EN FIGURAS REPRESENTATIVAS
DEL TRANSTIERRO

Relación del Caribe Hispanohablante con los Estados Unidos

La emigración desde los países del Caribe Hispanohablante hacia los Estados Unidos comprende, por lo menos, una historia de siglo y medio. En esta historia varios grupos de emigrantes abandonaron su cálido y tropical terruño, para buscar fortuna o salvar la vida en la patria de George Washington. El entorno de los primeros grupos migratorios que salieron del Caribe tiene un matiz político. Es pues que siendo la política el motor de arranque, esos primeros éxodos, por así llamarlos, tenían el tenor de exilio desde el principio. Estos exilios, aunque sea de forma genérica y superficial, vale la pena contextualizarlos en un simplificado marco relacional para lo cual valdrá decir que mientras la emigración o exilio de figuras notables de Puerto Rico y Cuba se daba hacia los Estados Unidos, ese tipo de emigración desde la República Dominicana se daba hacia Cuba y Puerto Rico u otros países de Latinoamérica, y no necesariamente hacia los Estados Unidos. Inclusive, como veremos más adelante, cuando se produce el fenómeno de la emigración en masa, la emigración desde la República Dominicana hacia los Estados Unidos se da mucho después de las emigraciones cubanas y puertorriqueñas, y por razones y en circunstancias distintas.

Por ahora, echemos un vistazo al marco de las relaciones de estos países con los Estados Unidos. Al enfocarnos en la relación del Caribe Hispanohablante con los Estados Unidos, por muy superficial que sea el análisis de la emigración caribeña, el entorno histórico *vis à vis* el país de procedencia hay que necesariamente ligarlo al contexto político y a la relación individual de cada uno de estos países con los Estados Unidos de América (en su calidad de país huésped). Una mirada que interrelacione la historia individual, cada contexto político, y la relación existente entre cada nación particular y el país receptor nos permitirá delinear las coyunturas migratorias desde Puerto Rico, Cuba y la República Dominicana. Esta mirada nos ayudará a trazar pautas que nos permitan circunscribir el contexto histórico como el cordón que conecte las circunstancias del presente con sus coyunturas históricas.

Durante el Siglo XIX la emigración caribeña estuvo mayormente compuesta por exiliados políticos de Cuba (José

María Heredia, Cirilio Villaverde, José Martí, etc.) y de Puerto Rico (José Bassora, Eugenio María de Hostos, Luis Muñoz Rivera, etc.). Estos individuos, opuestos al colonialismo español en sus países, buscaron y encontraron refugio en Nueva York y desde allí, donde la libertad de prensa de los Estados Unidos les permitió avanzar sus campañas anti-colonialistas, continuaron desarrollando sus proyectos políticos y abogando por las causas dejadas atrás. En estos casos, la vida en Nueva York se convirtió en una lucha obsesiva por y para la patria de la cual habían sido arrancados u obligados a dejar atrás; para ellos, las maletas nunca se llegaron a deshacer del todo. Por otro lado, la emigración desde la República Dominicana hacia los Estados Unidos durante ese siglo es casi inexistente. La situación política dominicana era entonces completamente distinta; no era una lucha contra el colonialismo español, sino una lucha casi interna por una definición de identidad o nación. Empero, sí se ha mencionado que Juan Pablo Duarte estudió inglés en Nueva York, y hay otros nombres como Alejandro Angulo Guridi y Pedro Alejandro Pina de quienes hay rastros de haber pasado por los Estados Unidos, pero no hay estadía alguna que se pueda señalar como trascendental, como sería el caso del exilio del mismo Juan Pablo Duarte en Venezuela, o el del propio Alejandro Angulo Guridi en Cuba (Torres-Saillant 2000).

La primera mitad del Siglo XX está marcada por la ocupación norteamericana en estos países, lo cual tiene su marcado efecto en el contexto migratorio matizado por una inevitable connotación de causa y efecto. Por igual, esto debe verse a través del cristal de las relaciones de cada país con los Estados Unidos en el ámbito económico y político. Con ese fin miremos, aunque rápida y someramente, el panorama de estas relaciones individuales. De inmediato hay que denotar que la liberación de Cuba y Puerto Rico del colonialismo español se da como parte de la resolución a la Guerra entre Estados Unidos y España, según lo estipulado en el Tratado de París de 1898, bajo el cual, España renuncia a todo derecho de soberanía y propiedad sobre Cuba, y cede a Estados Unidos la isla de Puerto Rico (junto a Guam y las Filipinas). Veamos:

Puerto Rico

Podemos comenzar con la relación entre Puerto Rico y los Estados Unidos, y marcar algunas pautas claves en cuanto a las coyunturas migratorias: primero, la ocupación de Puerto Rico en 1898; segundo, la "Ley Jones de 1917", la cual declara la isla como "territorio estadounidense" y da la ciudadanía americana a los puertorriqueños, y, tercero, la declaración de la isla como "Estado Libre Asociado" en 1952. Estas pautas separan de manera drástica a Puerto Rico de Cuba y de la República Dominicana en cuanto al estatus legal que removía todo impedimento de trámites migratorios y asuntos de legalidad, dando así completa libertad migratoria a los puertorriqueños. De aquí que se pueda hablar de "Olas Migratorias" desde Puerto Rico hacia los Estados Unidos. Dichas olas comprenden las denominadas *Primera y Segunda Olas Migratorias*, y *La Gran Migración*.

La Primera Ola Migratoria abarca los años de 1899 a 1901 y se caracterizó por la emigración de trabajadores agrícolas que buscaban mejores condiciones de trabajo y a quienes les prometieron mejor calidad de vida (unos 6 mil llegaron a trabajar la caña de azúcar en plantaciones de Hawái —que ya era parte del territorio de los Estados Unidos). *La Segunda Ola Migratoria* abarca los años de 1917 hasta finales de la década de 1930, y es la ola que se caracterizó por el nuevo estatus de ciudadanía y la necesidad de mano de obra en las industrias de manufactura de buques de guerra y armamentos, ya que los Estados Unidos había entrado en La Primera Guerra Mundial. La mayoría de los emigrantes de esta segunda ola, llegados en las décadas del 1920 y 1930, se establecieron en la ciudad de Nueva York. Por último, tenemos la denominada *Gran Migración* la cual consta con las dos décadas comprendidas entre 1945 y 1965. Esta gran ola se da, nuevamente, a raíz de necesidad de mano de obra una vez concluida la Segunda Guerra Mundial. Según datos ofrecidos por la Fundación Puertorriqueña de las Humanidades: "El Estado se valió de varias estrategias para promover la emigración. Una de ellas fue aumentar el tráfico aéreo entre Puerto Rico y Estados Unidos y abaratar los costos de pasajes. Otra estuvo relacionada con la difusión de oportunidades de empleo en los estados de la Unión, especialmente los de la costa noreste. Por último, estableció unos estándares de trato que debían de ofrecer los patronos estadounidenses a los puertorriqueños que se aventuraran a trabajar allá, especialmente a los trabajadores estacionales. Además, el gobierno de Puerto Rico estableció oficinas bajo el programa de División de Migración en lugares como Nueva York para ofrecer información sobre empleos, vivienda y servicios sociales, y atender reclamos de los isleños en suelo estadounidense" (Grupo Editorial EPRL, 28 de enero de 2010)[8].

Ahora bien, la libertad migratoria, los incentivos y el estatus legal, siendo como una especie de facilidad migratoria, no son necesariamente la píldora mágica para que un isleño se sienta como en su casa tanto en Reading, Pennsylvania, como en Mayagüez, Puerto Rico. Salvo el pasaporte, en la inmigración puertorriqueña se ha sufrido tanto, o quien quita y más, que en cualquier otra. La condición de separación y desarraigo se ha vivido de igual forma (en cuanto a los procesos de adaptación aquí anteriormente descritos) que la emigración desde Cuba y la República Dominicana o cualquier otra nación en contexto similar.

Cuba

Volviendo la vista hacia la relación entre Cuba y los Estados Unidos vemos que en Cuba hay ocupación de tropas norteamericanas durante el llamado protectorado de 1898 a 1902 (periodo en que se da la separación de España y el establecimiento del primer gobierno cubano); la segunda ocupación sucede en 1906, luego en 1917 y otra vez en 1922. Estas ocupaciones dejan un saldo de dictaduras y gobiernos corruptos que desembocarán en la Revolución Cubana y el ascenso al poder de Fidel Castro en 1959. Durante los años de 1930, y bajo la dictadura de Gerardo Machado y Morales, Alejo Carpentier sale para París y Lino Novás Calvo se va a Madrid. Durante la dictadura de Fulgencio Batista también se da un número de exilios entre escritores e intelectuales, muchos de los cuales regresan con el triunfo de la Revolución Cubana. Pero es la Revolución Cubana la productora del mayor número de exiliados de la isla. De acuerdo con el especial sobre Fidel Castro en el canal de televisión pública de los Estados Unidos (PBS), en la serie histórica *The American Experience*, son cuatro las olas de emigración después de la revolución: "Desde el triunfo de la revolución de Fidel Castro en 1959, ha habido un flujo constante de cubanos hacia los Estados Unidos, que se ha visto acentuado por cuatro oleadas significativas: la de 1959 a 1962; la de 1965 a 1974; la de 1980; y la de 1993 a 1995. Cada oleada ha alcanzado capas más profundas de la sociedad cubana, desde los ricos durante los años sesenta, hasta los habitantes de los escuálidos vecindarios de la superpoblada y ruinosa sección central de La Habana en la década de los años noventa" (Sección "Gente y Eventos", p. 7: www.pbs.org).

La primera "oleada" la componían en su gran mayoría los primeros cubanos opuestos a la Revolución; de entre ellos se podría mencionar a escritores como Hilda Perera y Carlos Alberto Montaner, Carlos Montenegro, etc. La segunda ola fue la de los llamados "Vuelos de la Libertad" inaugurados por el presidente Lyndon B. Johnson y, con estos, para 1974 se había dado la "bienvenida" a los Estados Unidos a un cuarto de millón de cubanos; este período vio la salida de Guillermo Cabrera Infante, Matías Montes Huidobro, entre otros. La tercera ola fue la famosa ola de los "marielitos", cuando entre abril y septiembre del año 1980, unos 125, 000 cubanos traídos en barco llegaron a la Florida desde el puerto de Mariel; entre ellos podemos apuntar las figuras notables de José Triana y Reinaldo Arenas, entre muchos más. La cuarta ola corresponde a la de los denominados "Balseros", ya que dado el colapso de la Unión Soviética que sustrajo fondos destinados para Cuba, la economía cubana se redujo en un 40 % aproximadamente. Esto provocó la desesperada salida de personas que se arrojaron al mar en cualquier cosa flotante.

República Dominicana

Si echamos ahora un vistazo a la relación entre la República Dominicana y los Estados Unidos podemos señalar que, en la República Dominicana, por igual, se dan numerosas intervenciones militares. Estas intervenciones también dejan en la República Dominicana una estela de corrupción y dictadura. Comenzando con la intervención de 1903, después la de 1914, y la notable ocupación de 1916 a 1924, y por último, la ocupación de 1965 a 1966. Es durante la ocupación de 1916 a 1924, en 1918 para ser precisos, que Rafael Leónidas Trujillo se enlista en el Ejército Nacional y es entrenado por los

Marines norteamericanos. En 1966, después de la invasión que se da a raíz de la Revolución de Abril de 1965, los norteamericanos dejan instalado el gobierno de Joaquín Balaguer. La emigración desde la República Dominica es esporádica y en nada comparable a las salidas en masa desde Puerto Rico en la primera mitad del siglo XX, o de Cuba en las décadas después de la revolución. Entre los primeros emigrantes contamos a los hermanos Pedro y Max Henríquez Ureña, quienes al finalizar sus estudios secundarios en Santo Domingo, son enviados por su padre a estudiar a Columbia University en la ciudad de Nueva York. Está el caso de la hermana de éstos, Salomé Camila Henríquez Ureña, quien llegara a ser parte de la facultad en Vassar College, en el Valle del Hudson en Nueva York, o la menos conocida Virginia de Peña de Bordas, quien también estudiara en los Estados Unidos en los años de 1920. La explosión migratoria desde la República Dominica hacia los Estados Unidos comienza a desarrollarse en el último cuarto del Siglo XX, y su gran estallido se da en la década de 1980, cuando entre 1981 y 1990 el número de dominicanos que entran legalmente a los Estado Unidos sobrepasó a todos los países del hemisferio occidental, con excepción de México (Rumbaut 1992, 288). Es pues que la emigración dominicana a los Estados Unidos es la más joven de entre los países hispanoparlantes del Caribe.

Como hemos visto, las primeras tres décadas del Siglo XX producen una gran emigración de puertorriqueños hacia los Estados Unidos, lo mismo que un sinnúmero de exiliados políticos desde Cuba y uno que otro desde la República Dominicana. Es necesario denotar que la emigración de principios de siglo desde la República Dominicana y Cuba se daba por parte de las clases pudientes o intelectuales, mientras que de Puerto Rico salió (y en masa) una gran mayoría de trabajadores agrícolas. Vemos que desde la República Dominicana algunos salían como exiliados, mientras que otros salían enviados por sus padres a estudiar al extranjero (por lo general a los Estados Unidos, a Cuba y a países europeos); entiéndase esta práctica como una forma de salvar a los hijos del exilio obligatorio, de la persecución polí1tica, o de la muerte.

Hay un decenio importante que traza una especie de línea divisora que podríamos designar como determinante: la década de 1952 a 1962. En estos años se da una serie de acontecimientos que abren puertas y dan paso, por un lado, a la emigración de transtierro en su tenor de la emigración basada en lo económico o como una condición deseada o activamente buscada (y como hemos puntualizado se aleja de la emigración de exilio basada en lo puramente político o ideológico); y, por otro lado, dan apertura a un nuevo tipo o fenómeno de exilio político en masa, el cual, con el pasar de los años, se convierte en un transtierro por permanencia. Tenemos que en 1952 Puerto Rico pasa a ser un Estado Libre Asociado; en 1959 triunfa la Revolución Cubana; y en 1961, en la República Dominicana, termina la dictadura de Rafael Leónidas Trujillo.

El idioma en la producción literaria del transtierro caribeño

De todas esas emigraciones, las azarosas, las sueltas y las en masa, tenemos hoy presente, creciente y representadas en la vida y sociedad norteamericanas, la estampa del Caribe Hispanohablante. En dicha estampa o presencia han estado conjugadas (y a veces fundidas y confundidas) las condiciones de exilio y transtierro; empero, siendo tan prolongada la estadía de esos primeros exiliados que llegaron a los Estados Unidos hace ya más de treinta años, y al comenzar a desaparecer las circunstancias políticas que provocaron dicho exilio (el actual estado cambiante de las relaciones entre Cuba y los EE. UU.), vale afirmar que ya son transterrados más que exiliados.

Es pues que, dependiendo del país de procedencia y su entorno histórico (como pauta de razones y longevidad de la presencia en el país huésped), tenemos como resultado la creación de varias identidades lingüísticas. Estas identidades lingüísticas las podemos analizar en sus respectivas representaciones escritas, si tomamos como punto de referencia o enfoque la producción literaria de figuras representativas de esas *diásporas* (término éste el cual abordaremos más adelante). De esta forma podremos apuntar, con cierto nivel de precisión, las instancias en donde se manifiestan las opciones de identidad adoptadas por este grupo representativo, utilizando como piedra de toque el uso del idioma. Esto se evidencia en la producción literaria o labor creativa de dichas figuras representativas de las correspondientes identidades lingüísticas, entre ellos, los monolingües (tanto en inglés, como en español) por un lado, y los bilingües o bifurcados, por otro. Estas figuras representativas, en su momento, definieron y definen su identidad creativa al optar por escribir en uno u otro idioma; o, sólo poder escribir en uno u otro idioma; o, poder escribir en ambos; u, optar por la manifiesta bifurcación híbrida del bilingüismo y la traducción.

Veamos: desde Puerto Rico salen miles, con status de ciudadanos, a trabajar a los Estados Unidos, y, como hemos apuntado, esos años de la década de 1950 (casi hasta 1965) son el núcleo de lo que se conoce como La Gran Migración. Y esta vez los viajes son por avión, cosa que marca la estampa de viaje corto (no de travesía) y deja consciente o inconscientemente viva la llama de un regreso casi instantáneo. De esa ola migratoria nace el gran movimiento conocido como *Nuyorican*, el cual es reconocido y aceptado como el primer verdadero movimiento literario de la diáspora puertorriqueña, y como ejemplo de sus representantes podemos citar al ya desaparecido Tato Laviera (1950-2013), cuya producción poética fluctuó entre el inglés, el español y el *spanglish*, como muestra viva de esa dualidad de vivir en dos idiomas. Hay, por igual, otros casos de figuras que se desarrollaron al margen de las establecidas tendencias o movimientos literarios, como es el caso de Lourdes Vázquez quien, por elección, produce literatura en español y opta por ser traducida, teniendo pleno dominio del inglés (por educación y ejercicio profesional).

Desde Cuba podríamos pautar dos corrientes migratorias a los Estado Unidos: esos que salen poco después de la Revolución en un exilio político de escape (los pudientes; o sea, los que podían o tenían los medios económicos para salir), y luego las masas que salen después en la ola de los famosos "Vuelos de la Libertad". De entre esos exiliados, o sus futuras generaciones de transterrados, podemos mencionar la figura de José Kozer, poeta galardonando con el Premio Iberoamericano de Poesía Pablo Neruda 2013, quien sale de Cuba con veinte años de edad y atraviesa por un proceso interesantísimo, al final del cual (y por opción consciente) escribe exclusivamente en español, y también traduce del inglés al castellano. Kozer es quizás uno de los escritores que más ha tocado públicamente el tema de la transición de su tierra natal a los Estados Unidos, en términos exclusivamente ligados al idioma. En una entrevista publicada en 2007 en *Jaket Magazine* Kozer dice lo siguiente:

> ...a los veinte años llegué de Cuba, no a Miami donde me habría ido a vivir a un barrio a hablar español entre otros cubanos, sino a Nueva York [al Village] durante una época, los 1960s, cuando no había muchos latinos allí... comencé a perder mi español, y quería escribir, y de repente tres o cuatro años después me encuentro hablando inglés solamente, no español, y al intentar escribir... no podía escribir porque ya no tenía el lenguaje; había perdido el instrumento... El inglés no es mi idioma; no es mi idioma natal; el español, que sí es mi idioma, lo estoy perdiendo — ¿Qué hago?
>
> Eso se me convirtió en una pesadilla, pesadilla a la cual hay que añadir otros factores; por ejemplo, comencé a tomar mucho, me hice prácticamente un alcohólico; estaba en un matrimonio terrible, desastroso; era pobre, no tenía dinero —una historia compleja, ya sabes cómo es lo del inmigrante que es bohemio, que trata de ganarse la vida, ajustarse a una nueva sociedad, al cambio de vida, y también me lo estaba gozando— y en esa situación, en un punto, me di cuenta que iba camino a tierra de nadie donde no iba a tener idioma alguno. Y si soy poeta, entonces qué va a pasar.
>
> A ese punto algo pasó conmigo —creo que tenía el español atascado en el estómago, y con el alcohol, se soltó, salió; salió y comencé de nuevo a escribir en español, poemas, poemas y poemas, y me inicié en la profesión de la enseñanza de español y literatura... (http://jacket-magazine.com/35/iv-kozer-ivb-mansito.shtml)

Está también el caso de Achy Obejas, quien llega de Cuba a la edad de 6 años, se educa en inglés y mantiene sus raíces lingüísticas pero de forma tácita, se hace periodista y escribe creativamente en inglés, y es hoy, además, traductora al español de escritores como Junot Díaz y, al inglés, de escritoras como Wendy Guerra, entre otros.

Con la caída de Trujillo, en 1961, en la República Dominicana pasan de huir del tirano a huir de sus vengadores y, posteriormente, a huir de la represión política y económica del régimen de Balaguer. El éxodo en masa de dominicanos empieza en los años '70s, cuando comienzan a salir, en busca de fortuna y mejoría económica hacia Venezuela y las Antillas Menores. Ya para finales de los '70's, los Estados Unidos se convierte en la nueva meta, y los dominicanos salen masivamente, ya sea de forma legal o en yolas, llegando a marcar su mayor índice en la década del 1980. Este éxodo casi deseado (pues el "viajar a los países" —podemos afirmar— se puso de moda), hace de la comunidad dominicana la de más joven presencia en los Estados Unidos, pero no tan joven como para dejarnos sin ejemplos. El caso de Rhina P. Espaillat, ya citada, es un fenómeno interesante: llega a los Estados Unidos en 1932 (a la edad de siete años) en exilio familiar por causa de la dictadura trujillista, y, a muy temprana edad, se destaca como poeta en lengua inglesa. Después de varias décadas en las que se dedicó a su familia y a su profesión de educadora, reaparece en las letras americanas, como parte del movimiento formalista, a principios de la década de los '90. Desde entonces no ha parado de escribir y publicar en inglés y en español, y es considerada como la más prominente traductora al español de la poesía de Robert Frost. Por otro lado están los casos ya mencionados de Julia Álvarez (cuya familia sale huyendo de la dictadura trujillista y vuelve a establecerse en los Estados Unidos en 1960, cuando ella tenía diez años); y Junot Díaz, quien llega en 1974, a la edad de seis años. Ambos se educan en inglés solamente, y por ende escriben en inglés, pero sus trabajos son indiscutiblemente de estampa dominicana. Están los casos de escritores de arribo más reciente, cuyas biografías todavía no precisan el momento de la emigración (tal vez por la circunstancia de una cierta condición de tránsito o transición); entre ellos están: Viriato Sención (1941-2012), el galardonado José Acosta, Marianela Medrano, Josefina Báez, entre muchos y tantos otros.

Dada su joven producción y otras circunstancias persistentes, la literatura de dominicanos en producción en los Estados Unidos es poco conocida y las opciones de promoción y publicación han sido limitadas. Es gracias a varias de las antologías publicadas por Franklin Gutiérrez y Daisy Cocco de Filippis que la literatura dominicana se ha hecho más visible y asequible en círculos de lectores y centros académicos de los Estados Unidos; y claro, el éxito de autores como Junot Díaz y Julia Álvarez, ha logrado poner un foco de atención sobre la literatura dominicana. Entre dichas antologías de Franklin Gutiérrez podemos citar como ejemplos: *Diccionario de la lite-*

ratura dominicana (2004 y 2010); *Antología histórica de la poesía dominicana del siglo XX* (1995); *Niveles del imán* (antología de poetas dominicanos en New York, 1983); *Historias de Washington Heights y otros rincones del mundo* (antología de cuentos, 1994) [en colaboración con Daisy Cocco De Filippis]. Y también, de Daisy Cocco de Filippis, obras como: *Poems of Exile and Other Concerns: A Bilingual Selection of Poems Written by Dominicans in the United States* (Antología bilingüe de poemas escritos en los Estados Unidos por poetas dominicanos, 1988).

Los ejemplos citados, en conjunto con el puntualizado resumen político migratorio, nos conducen a la presente condición humana que hemos definido como transierro. El entorno presente, tanto en la vida cotidiana de un bodeguero dominicano en el sur del Bronx, en la de un comerciante cubano en Union City, o en la de un taxista puertorriqueño en Chicago, tendrá rasgos comunes y revelará las mismas identidades lingüísticas representadas en la producción literaria de los intelectuales y escritores del transierro caribeño. Este entorno (y a pesar de las divergentes circunstancias, épocas y motivaciones de la emigración), ha de inevitablemente mostrar una herencia cultural y lingüística común, y la misma se desencadena en una producción literaria fiel a las distintas realidades políticas y económicas que conforman las respectivas circunstancias que devinieron en la condición de emigrante a transterrado.

    ¿Cómo definiría un transterrado de hoy su condición de ente que habita sobre ese puente que lo conecta con sus múltiples realidades e identidades? Pues esa parte sería mejor que la vocalizara un transterrado de hoy en sus propias palabras, pues en cuanto a la teorización de dicha condición hemos dicho bastante. Ofrecemos pues la siguiente respuesta a la pregunta que, en la sección de *Una Sola Pregunta* de su *blog lookingazul*, le hiciera Lourdes Vázquez (transterrada) a Madeline Millán (otra transterrada):

    -Lourdes Vázquez: Dos países, una memoria. ¿Cómo lo llevas?

    -Madeline Millán: Hoy, nevando en Manhattan y yo con "blues". Dos países y una memoria. Alguna vez tuve memoria del pasado. Guardé memoria de mis antepasados, de un pasado reciente. Pero yo no cuento sino [con] un apellido de padre, una abuela y una bicicleta. Todo lo demás resulta frágil, se me va apagando como una vela que amenaza el viento. ¿Qué es un país si lo asocio a la familia que perdí? Me duele el nuestro estado colonial; nuestra lengua invadida por la otredad del inglés. Pienso en los huesos de Hostos que tal vez nunca regresen a su patria porque puso por condición una tierra libre. Isla que ha sido y será un país de sol y asombro. Una vez en una entrevista para El Nuevo Día, me preguntaron sobre si consideraba volver. Aclaro que a ningún lugar quiero regresar o quedarme. Descubrí una vez en Lisboa, leyendo un poema de Sophia de Mello Breyner, su verso "mi tierra es el mar" que sí, tal vez el mar es mi país. No son dos países y una memoria. Ya no soy de un país y la memoria de las cosas que vendrán me importa más que la memoria de las que cosas que no quiero recordar. Soy, si se quiere, caribeña o de Valparaíso, de París, de México, de Lisboa, de Andalucía, de Alphabet City, de cualquier lugar donde he sido feliz. (http://lookingazul.blogspot.com/2013/02/normal-0-false-false-false-en-us-ja-x.html)[9]

III

DIÁSPORA:
¿QUÉ NOS APARTA QUE NOS UNE?

Tengo que hacer un paréntesis y tocar el concepto de "diáspora" en cuanto a su aplicabilidad a los grupos de inmigrantes que venimos de Caribe Hispanohablante, pues varios son los que despotrican del término (particularmente entre círculos de intelectualidad dominicana) diciendo que no nos es aplicable, que no somos o conformamos diáspora alguna. Comencemos proponiendo de inmediato que "diáspora" no es el lugar físico (*La Pequeña Habana, El Barrio,* o *Washington Heights*), sino las personas, en donde quiera que se encuentren (aunque sea la primera familia o un solo individuo), que habiendo dejado atrás su lugar de origen, se asientan en otro lugar y mantienen o continúan sosteniendo su identidad y conexión con ese lugar de origen. Hecha la propuesta, remito que el argumento es simple: somos diáspora, pues somos parte de la dispersión de un grupo humano que ha abandonado su lugar de origen y que mantiene una conexión real o imaginaria con ese lugar que dejó atrás (*Diccionario Virtual de Etimología*). No hay que ir más lejos que constatar el significado de la palabra en cualquier diccionario. Según el *Diccionario de la Real Academia de la Lengua Española (Vigésima Segunda Edición)*, "diáspora" tiene dos definiciones básicas:

1. f. Dispersión de los judíos exiliados de su país.
2. f. Dispersión de grupos humanos que abandonan su lugar de origen.

Si el argumento de los que reniegan del término se basa solamente en la primera definición, es obvio que no sea aplicable del todo a nuestro caso; pero al hacerlo así, basado en una sola de las dos definiciones del término, también es obvio que dicho argumento cojea, pues la segunda definición nos atañe por completo en nuestra condición de dispersión de grupo humano que ha abandonado su lugar de origen o terruño y que mantiene, como mantenemos nosotros los transterrados, una viva, fluyente, fuerte y a veces creciente (como se perfila en el caso de los cubanos) conexión con ese terruño.

Lo propuesto encierra el argumento de que el término es aplicable a situaciones concernientes, inclusive, a un solo individuo. Dicho argumento lo justifico en la libre interpretación de la expresión "dispersión de grupos humanos". Desglosemos un poco: de "dispersión" extraemos "dispersar" que es "separar y diseminar lo que estaba o solía estar reunido. *Dispersar una manifestación, un rebaño*". Entonces en la dispersión, que es separación o diseminación (como apunta la definición) cabe la idea de que lo que era antes grupo, al ser desintegrado, pasa a ser *unidades en dispersión* o *propagación de unidades*.

Y me parece pertinente aclarar que este argumento de incluir a una sola persona en esta definición nace como respuesta a la pregunta que me he hecho y que se han hecho muchos emigrantes quienes, a través de los tiempos, han experimentado una situación similar: cuando nos creemos o sabemos única persona (no grupo, sino individuo) en un lugar lejos del origen, ¿se es o no diáspora? Pues en esas circunstancias la experiencia testimonial parece indicar que el individuo llega a sentirse ser más de ese origen que nunca. Hay quienes confiesan dibujar una banderita sobre el calendario en los días patrios; o quienes han comenzado un día laboral escuchando el himno nacional del país de origen en el día de su independencia; o quien ha sido asaltado por un ataque de melancolía (o "nostalgia maldita") y se ha deshecho en llanto en frente de cuatro extraños cuando algo le ha tocado una cuerda del instrumento patrio que lleva dentro.

Sueltos por el mundo, solos o en grupos, ¿dejamos de ser de donde somos para ser solamente la separación de lo que éramos? Y con esta consideración, vale la pena preguntarnos: ¿Y qué de lo que éramos? ¿No era lo suficientemente adecuado para seguir siendo parte de lo que era ahora que hoy anda disperso y haciendo vida por otras partes? Estas preguntas no proponen ni buscan respuesta, simplemente postulan la interrogante, en el contexto de lo que constituye una diáspora, de forma retórica, ya que en cuanto a la condición de transtierro, queda argumentado que la distancia y separación no nos extirpa la identidad.

De una patria por ahí andamos: esfuerzos divididos, en actividades que nos refractan la atención como colores aplicados desordenadamente en múltiples direcciones, lejos, transterrados, diasporados, seguimos de alguna forma cerca. Seguimos cerca, ya sea por esa conexión que mantenemos con el terruño mediante la memoria, la experiencia, el color de la piel, el rizo de los cabellos, el acento en la nueva lengua, o la constancia de la lengua natal (del lugar de nacimiento, del suelo nato, de la patria). ¿Y qué es "patria"?; volvamos a la afinidad, al idioma, la lengua, al diccionario:

-*Patria:* f. Tierra natal o adoptiva ordenada como nación, a la que se siente ligado el ser humano por vínculos jurídicos, históricos y afectivos.

Y justo aquí volvemos a una dualidad: por un lado la separación del lugar de origen en yuxtaposición al lugar adoptivo; por otro lado, el sentirnos ligados por vínculos jurídicos, históricos y afectivos a dos naciones. Y en lo práctico y cotidiano: estar comprometidos a hacer vida en dos vertientes culturales y lingüísticas ("Agua de dos ríos" como el título de un libro de Rhina Espaillat), pues nos es imposible la separación, y la dualidad que vivimos influye en el quehacer creativo, en la educación, en el idioma con que hablamos o amamos, en la memoria, en la práctica creativa, en el oficio ganapán que nos toque ejercer, en la identidad, en la lejanía (real o imaginaria), en el regreso, etc. Pero aclaro que no puedo otorgar el privilegio de ser parte de la diáspora o el transtierro a quienes cortaron con el pasado, se cambiaron el nombre, enterraron su lengua, su cultura y sus costumbres, negaron sus raíces y claudicaron su identidad.

IV

MANIFESTACIÓN PERSONAL DE LA ALTERNATIVA BILINGÜE/BICULTURAL EN EL ÁMBITO DE LA IDENTIDAD Y LA CREATIVIDAD

Quiero pasar al sujeto personal para exponer, desde mi perspectiva y experiencia de vida, cómo se ha manifestado en mí la *Alternativa Bilingüe* y bicultural, y cómo ésta ha influenciado en mi identidad y en mi labor creativa en calidad de transterrado.

Introducción al inglés

Comienzo con el relato de mi introducción al inglés: llegué a la ciudad de Nueva York a la edad de 16 años y no hablaba inglés. Es cierto que había tomado clases de inglés en la República Dominicana, donde el inglés se enseñaba como se enseña el español, francés u otras lenguas en las escuelas de los Estados Unidos, pero con una pequeña y significativa diferencia: mis profesores en la República Dominicana no hablaban inglés; cosa que no es el caso en los Estados Unidos, donde la mayoría de los profesores de lenguas son hablantes nativos de las lenguas que enseñan. Mi habilidad con el inglés era tal que, al matricularme en la escuela secundaria, el consejero académico me hizo una prueba para ver en qué nivel de *Inglés como Segunda Lengua* me iba a matricular. Me preguntó: "Where were you born?" (¿Dónde naciste?), y yo lo miré con expresión de confusión y alelamiento en la cara, y él dijo: "Nivel 1", según asentía con la cabeza.

Fui matriculado en el segundo de bachillerato en el programa bilingüe de la escuela secundaria (en John Bowne, H.S. de Flushing, NY, una escuela que, en ese entonces, contaba con un estudiantado representativo de 52 países del mundo). Al reflexionar sobre ese hecho tengo que alabar la existencia de un programa bilingüe, que me permitió continuar educándome en un nivel apropiado para mi nivel académico, mientras adquiría la necesaria alfabetización y aculturación en la nueva lengua. —Desde entonces he sido un defensor de la educación bilingüe, ofreciendo mi experiencia personal en comparación con la de mis primos, quienes llegaron una década antes que yo cuando no existía (en sus correspondientes escuelas públicas) un programa de educación bilingüe. A ellos los pusieron en "educación especial" y los tildaron de retardados, por el simple hecho de no hablar inglés—. Del primer nivel fui al tercero, y para mi último año ya estaba en una clase de literatura regular (diseñada para no nativos). Entre eso vino mi primera clase en inglés regular: química (che-mis-try en inglés; pronunciación: *Ke-mis-tri*); yo decía "**che**-mis-try" para la burla de todos. Aún así, yo no paraba de levantar la mano para participar en clase, y Mr. Chasnoff (de quien vivo agradecido), con paciencia única, no dejaba de darme la oportunidad de participar. Un compañero de clase (Alex) me torturó el semestre entero por participar en clase, y, sobre todo, por hablar con acento raro, y creo que también por dar la respuesta correcta la mayoría de las veces. También para esa época tuve que tomar la clase de coro, y en esa me atormentaba a diario otro compañero (Roberto), quien constantemente se burlaba imitando mi acento y luego me gritaba en la cara que hablara inglés.

No sólo era yo un sabelotodo, sino que también tenía un fuerte acento (el cual todavía tengo, y olvido tener a cada rato), cosa que causó que mi círculo de amigos se limitara a dos grupos: 1) esos que, como yo, también navegaban las turbulentas aguas de la nueva lengua y cultura; y 2) los amigos "americanos" con quienes había establecido amistad en la Unión Estudiantil. Esto marca el principio de mi dicotomía lingüística y cultural, y de la posterior hibridad del transtierro; tenía varios conclaves de amigos: los monolingües (los que sólo hablaban español y que como yo navegaban en el mar abierto de la nueva cultura; los "americanos" que sólo hablaban inglés), y otros amigos con los que tenía que comunicarme en "broken English" pues no venían de países de habla hispana, pero por igual buscaban norte en la nueva cultura e idioma. Era evidente que para estudiantes inmigrantes que ya hablaban inglés (como Alex, ruso; Roberto, ecuatoriano; o Mabel, hondureña) no era popular el juntarse con estudiantes como yo. Inclusive, mis vecinos del frente (los hermanos Castillo, de Colombia) quienes tomaban conmigo a diario el autobús a la escuela, sólo me dirigieron la palabra después de la ceremonia de graduación en la que yo, por haber acumulado el segundo más alto promedio, había dado el discurso de bienvenida a nuestra clase de 658 graduandos. La hermana (Claudia) se me acercó y me dijo: "I didn't know you were so smart!" (Yo no sabía que fueras tan inteligente), y de ahí en adelante el hermano (William) siempre me saludaba al verme en la calle. Unos diez años más tarde, me encontré con Mabel (QEPD), de quien estuve locamente enamorado, o como se dice —en buen dominicano— "aficia'o". Nos topamos en Broadway, en el Distrito Financiero del Bajo Manhattan, y una descarga eléctrica me corrió por la columna vertebral al verla, y sin titubear le dije, "Hello Mabel, remember me?" (Hola Mabel, ¿te acuerdas de mí?). Y ella contestó, atónita: "Oh my God, you speak English now!" (¡Dios mío, pero si ahora hablas inglés!). Y es así es cómo se dio mi introducción al inglés.

Relación con el lenguaje y la escritura

La adquisición del nuevo idioma trajo consigo una nueva perspectiva a mi relación con el lenguaje y la escritura. He tenido, desde niño, una fascinación especial por las palabras, y supe desde entonces que el lenguaje era tal vez la más poderosa de las habilidades humanas. Supongo que de ahí nace mi inclinación por la escritura como medio de expresión creativa. Palabras tales como *permeable, compromiso, reiterar, paralelo, razón*, me fascinaron desde pequeño. Escribí mis primeros versos (o esos que todavía conservo) cuando tenía ocho o nueve años; también intenté fundar un periódico que se llamó "El Crítico" (un amigo haría las ilustraciones, y yo escribiría los artículos): hicimos una pieza titulada "El apagón" que criticaba los periódicos nacionales por pronosticar un apagón general, que no se dio, para el conteo de votos de una de las elecciones presidenciales.

Con esta misma fascinación por las palabras emprendí el aprendizaje de esta nueva lengua, y comencé con igual curiosidad a descubrir palabras en inglés. La palabra *surface* (superficie), la cual usé en un ensayo sobre el transporte público en la ciudad de Nueva York, me logró la selección a una entrevista para una beca de un programa de inmersión al inglés; en dicho ensayo indiqué con esa palabra mi preferencia por los autobuses o el tránsito de la superficie, en contraposición al subterráneo, pues permite ver la ciudad a través de las grandes ventanas de los autobuses como si se mirara una gran pantalla de cine. Luego, y como parte de dicha entrevista, me pidieron escribir otro ensayo de tema libre, y escribí sobre lo que había significado para mí dejar mi pueblo, escuela y amigos para irme a vivir una nueva vida en los Estados Unidos. En el ensayo utilicé la palabra *contrast* (contraste) y así me gané esa beca. Ese verano, estando aún en la secundaria, me lo pasé en el *American Language Program* de Columbia University, aprendiendo inglés junto al entonces Vice-Cónsul de Japón.

Durante la escuela secundaria, continué escribiendo poemas en español y jugando con el descubrimiento de mis nuevas habilidades lingüísticas. Fue entonces cuando por primera vez, y en serio, intenté llevar un diario (en español); y, curiosamente, durante uno de esos cortos intentos de vivir en los Estados Unidos que hiciera mi padre, yo escribía mis entradas de diario en inglés (para que él no tuviera acceso a ellas). Mi padre, en última instancia se regresó a vivir a nuestro cálido terruño dominicano; allí él seguía siendo una persona completa y no simplemente un ser casi invisible, sin voz ni voto, u otro mudo inmigrante a quien nadie conocía en los Estados Unidos.

La *Alternativa Bilingüe*

A diferencia de mi padre, yo me quedé, y dadas las circunstancias de mi llegada, de entre las opciones —expuestas al principio— que se le presentan al recién llegado (asimilación, rechazo, o la *Alternativa Bilingüe*), a mí me tocó esta última. Y quiero decir algunas cosas sobre cómo se manifiesta la *Alternativa Bilingüe* en mi diario vivir denotando que existen, desde luego, las áreas prácticas de la cotidianeidad que se dan tanto en inglés como en español (trabajar, hacer compras, hablar con mi familia, compartir con los amigos, etc.); la esfera de expresión creativa (la cual practico casi exclusivamente en español); y, la dualidad de ser huésped de dos idiomas y dos culturas.

En el sentido práctico tengo la obligación de comunicarme en ambas lenguas: mi papá, un hermano y una hermana viven en la República Dominicana y son monolingües; en la ciudad de Nueva York tengo a mi mamá (quien sólo habla español, con unos treinta años en esa ciudad: es el vivo ejemplo de la primera opción —la de rechazo—, antes mencionada, pues ha aprendido lo absolutamente necesario para sobrevivir en el nuevo país y la nueva cultura y alberga la esperanza de la retirada definitiva a su terruño natal), y dos hermanos que son bilingües (curiosamente, me comunico con ellos en inglés): uno que vino joven como yo y terminó de educarse en Nueva York (hoy es catedrático en la facultad de inglés de Columbia University) y el otro que nació aquí, es hispanohablante pero analfabeto en castellano. Además tengo una familia numerosa, y un extenso círculo de amigos, algunos bilingües, otros monolingües (en ambos lados del espectro lingüístico, geográfico y cultural). Por ejemplo: me mudo de Nueva York a otra ciudad, y por su puesto quiero que mis familiares y amigos tengan mi nueva dirección: ¿Mando dos *e-mails* (uno en inglés y otro en español) o mando uno solo que sea bilingüe? ¿Cómo puedo enviar un *e-mail* monolingüe? No, no puedo, porque tengo una relación viva con ambos mundos (cultural y lingüísticamente hablando). Y, sí, bien podría enviar dos mensajes (uno en inglés y uno en español), pero ¿sería práctico? No, y no solo eso, sino que sería como dividir mis querencias, y el corazón no se puede dividir (parafraseando a Rhina Espaillat).

CREATIVIDAD

En la esfera creativa impera también la necesidad de comunicarme en ambas lenguas, cosa que tiene su propia bifurcación: por un lado ejercito la comunicación en un idioma, el inglés, para ganarme la vida; por el otro, ejercito la comunicación en otro idioma, el español, para vivir. Me explico: desde la escuela secundaria, y para poder ganarme la vida, he trabajado en un campo (Seguridad y Orden Público) el cual demanda una excesiva cantidad de escritura; si bien puede ser considerada como "escritura de negocios", no deja de exigir disciplina y creatividad: mucho contar y relatar sucesos, mucha escritura de normas y reglamentos, o detallados procedimientos y manuales. En esta área he tenido que enfrentar y lidiar con el hecho de que hablo con acento; por ende he tenido que ser muy consciente en mi escritura, como si en ella tratara de compensar o equilibrar la balanza lingüística y comunicativa. He hecho esto a conciencia de que mis receptores, fácilmente empujados por el irracional prejuicio contra lo foráneo, pueden poner en tela de juicio mis habilidades intelectuales basados en el acento que evidencia mi expresión oral. Y esto lo he comprobado: una vez me desempeñé en un cargo en el que me reportaba al Director de Administración, quien tenía que aprobar todas las comunicaciones del departamento y quien, a su vez, se reportaba al Vice-Presidente (quien escribía fatal); al principio, el director escudriñaba cuidadosamente cualquier memorándum que escribiera yo, e indicaba (cuando encontraba) las pequeñeces más insignificantes, mientras que el vicepresidente escribía atrocidades. Un día en el cual salieron dos comunicados (uno mío y el otro del vicepresidente), el mío fue aprobado después que me pidió que cambiara una palabra y un signo de puntuación; yo, con mi comunicado y con el del vicepresidente (con los veintisiete errores que encontré marcados con tinta roja), me le presenté en la oficina al director. Resultó luego que, después de eso, el director no dejaba pasar nada que escribiera el vicepresidente sin antes hacer que lo corrigiera yo. Cuento esto para señalar que he tenido que demostrar sobre papel que a pesar de que yo hablo con acento, no pienso con acento (cosa que en muchos casos como el mío, nos hace extranjeros permanentes en el nuevo país); y que esa percepción es una aflicción de los que juzgan la habilidad e inteligencia de los demás basados en algo tan artificial como un acento; eso los hace incapaces de ir más allá. Cuando eso pasa, son ellos los que piensan con la torpeza de un acento acústico, y algunos actúan con tal torpeza. Recalco que esta es una de las mayores fuentes de discriminación que confrontamos los inmigrantes. Y claro, esta consciencia también ejerce su influencia en mi habilidad oral: cuando tengo que hablar en público, cosa que sucede con frecuencia, mientras más consciente estoy del proceso, más sujeto estoy a que se me trabe la lengua, y a que RRRUUEDEN las erres, y que trasquile las palabras. Después de todo, también soy humano, y eso es un mecanismo de autodefensa: nos volvemos hacía sí, a nuestros adentros, a nuestras querencias, a lo que nos es sabido y conocido, a donde nos sentimos a salvo; es como volver al terruño lingüístico. Y aquí también tiendo a compensar mediante el uso de analogías y múltiples palabras para la misma cosa; también he desarrollado un agudo sentido sobre las relaciones, conexiones y enlaces entre palabras y sus correspondientes afinidades. Ahora bien, por escrito, en contraposición a la expresión oral, sé que tengo mucho más control para corregir errores. La expresión escrita permite la edición, el cambio de palabras, el quitar y poner frases, y esto es algo que la expresión oral espontánea capitula.

Pasando del uso del idioma como herramienta práctica para ganarme la vida, entro a tocar ese otro ejercicio, el de la creatividad, que es esta necesitad fundamental de comunicar, crear, escribir, de vivir; y es ahí donde entra la expresión creativa que se sucede, como ya dije, casi exclusivamente en español. Y en esa expresión, por necesidad, tengo que ejercitar mi vida tal y como es: una persona que vive en la *Alternativa Bilingüe*. Para satisfacer esa necesidad tomé la consciente decisión de mantener un nexo con esa cultura y con esa lengua en las que crecí, y hacerlo mediante el uso del idioma. Como he tenido que ganarme la vida en inglés, entonces opté por usar (en vez de abandonar) mi otro idioma para vivir: escribo en castellano, y escribo a diario. Eso me completa como la persona que soy, y esa es mi identidad. El afán creativo es esa fuerza interna que me empuja a usar la palabra y moldearla para intentar contar con exactitud un cuento, para evocar una sensación o reacción específica, ya sea en prosa o en verso, en normas o procedimientos; el satisfacer dicha necesidad creativa con la práctica de la escritura, es lo que forma, crea o hace al escritor. De no haber tomado esa decisión de cultivar la escritura creativa en castellano, creo que sería hoy por igual escritor, pero no un escritor bilingüe. Creo que puedo decir que hago "escritura creativa" casi exclusivamente en español; sin embargo, como ya dije, hago constar que también escribo creativamente en inglés, pero con mucho menos frecuencia.

Traducción

Vivir en esta condición de transtierro, y usar la palabra y el idioma como herramientas de expresión creativa, también implica la constante necesidad de traducción, de ser leído y entendido en ambos idiomas. Dentro de esta necesidad de comunicar, de escribir, ya sea escritura "de negocios" o "creativa", obligatoriamente la traducción aparece como un puente vital y de viabilidad diaria, para los que vivimos la *Alternativa Bilingüe*. Las traducciones (que son, sin lugar a dudas, un desafío lingüístico y cultural), son para mí —con mi fascinación por las palabras y el lenguaje—, una práctica casi agradable y placentera. La labor de traducción tiene un sabor palpable que casi se siente en el paladar, en los oídos y en el cerebro. Traducir es el reto de llevar un pensamiento desde un registro cultural y lingüístico hacia otro, pero hacerlo de forma tal que el resultado no traicione el original, mientras que a la vez evoque un registro similar en su forma traducida que pueda ser leído, aceptado y percibido como original o auténtico.

Utilizando el término que acuñara el sociólogo cubano Rubén Rumbaut, "la generación 1.5"[10], para referirse a algo similar a lo que aquí defino como la *Alternativa Bilingüe* (pero en el estricto contexto del exilio), el también cubano Gustavo Pérez Firmat dice: "Los de la generación 1.5 son artistas de translación" (Pérez Firmat, 5), en el sentido de que tienen la ventaja de poder ir y venir, trasladarse, de una cultura a otra y de un registro lingüístico a otro. Pérez Firmat ve este hecho más bien como una ventaja que poseen los *uno punto cinqueros*, en contraposición a sus padres, como generación 1, o a los hijos nacidos en los Estados Unidos, como generación 2, ya que tanto éstos como aquéllos tienen acceso cultural y lingüístico a un solo mundo (al "viejo" por parte de los padres y al "nuevo" por parte de los hijos). Rumbaut, por su parte, no lo ve como algo del todo positivo, ya que afirma que los *uno punto cinqueros* de muchas maneras terminan siendo marginales tanto en el viejo como en el nuevo mundo, no perteneciendo por completo ni al uno ni al otro (Rumbaut, 61). Aunque ellos muestren una clara discrepancia al respecto, tengo que estar de acuerdo tanto con Rumbaut, ya que de hecho uno se vuelve en cierta medida un forastero en ambas tierras, como con Pérez Firmat, en cuanto a la ventaja de la permeabilidad lingüística y cultural que nos hace, de cierta manera, triunfadores en ambas culturas.

Empero, en lo que sí disiento de ambos es en que los dos abogan, implícitamente, por una identidad sin bifurcaciones y personificada ya sea en la primera generación como miembros del "viejo" mundo, o la segunda generación como miembros del "nuevo". En este sentido, la división de los inmigrantes en generaciones 1, 1.5, y 2 simplifica el fenómeno mismo de la inmigración, y excluye el proceso de aculturación y la condición de existir entre ambas culturas y entre dos tierras que, inevitablemente y por algún tiempo (independientemente de la opción o inclinación que adopte el individuo), experimenta el recién llegado según he demostrado aquí; y, asume que los nacidos aquí rompen con el pasado de forma casi absoluta. Pérez Firmat dice: "Mis padres, ya en sus setentas, no tienen otra opción que ser cubanos. No importa cuántos años hayan vivido fuera de la isla —y si viven lo suficiente, pronto llegará la hora en que habrán vivido más tiempo en Miami que en La Habana— ellos son tan cubanos hoy como lo eran cuando se bajaron del ferry en 1960. Mis hijos, quienes nacieron en este país de padres cubanos, y a quienes he tratado de inculcarles algún tipo de cubanismo, son americanos de pies a cabeza. Ellos pueden no 'salvarse' de su americanidad ni más ni menos que mis padres pueden 'salvarse' de su cubanidad" (Pérez Firmat, 5). Prosigue diciendo: "[mis hijos nacidos en este país] Como otros inmigrantes de segunda generación, mantienen una conexión con la patria de sus padres, pero es un lazo forjado de mis experiencias y no de las suyas. Para mis hijos Cuba es una perdurable, quizás encantadora, fábula. Cuba es para ellos tan etérea como el humo, y tan persistente como el olor, de los puros de su abuelo (que ni siquiera son cubanos, sino dominicanos)" (Pérez Firmat, 5). Pues bien, aunque en su momento ese haya sido el patrón de la inmigración cubana, por su situación de exilio, esa no ha sido la constante en la variante dominicana o puertorriqueña, o la de cualquier otro grupo de inmigrantes de los últimos treinta años sobre quienes no haya pesado el impedimento político de un exilio. Pongo por evidencia el caso de mi hija de tres años, quien ya ha viajado a la República Dominicana tres veces, y quien, cuando le preguntan dónde vive su abuelo contesta "En Cambita Garbito". Nuevamente vuelvo la mirada al futuro que se aproxima, y especulo que con los cambios en las relaciones entre Cuba y los Estados Unidos, los padres (tanto los de las susodichas generaciones 1 y 1.5) podrán regresar a Cuba, e ir y venir libremente, reforzando ese vivir *entre tierras, países, patrias, hogares, etc. sin estar del todo ni de un lado ni del otro*. Y eso cambiará el panorama de algunos de los miembros de la segunda generación cubana y, sin lugar a dudas, el de los cubanos llegados en las últimas dos o tres décadas, al igual que el de sus descendientes (aunque hayan nacido en este país).

Pero retomando la idea de la traducción, la cual trae a colación la pregunta de que si yo me auto-traduzco, quiero hacer una breve reflexión al respecto. Mucha gente, en particular quienes son monolingües, asocian el bilingüismo con trivialidades que delatan sus preguntas, pues comparten interrogantes tales como: "¿Primero piensas lo que vas a decir en español y luego lo traduces al inglés?" O la proverbial pregunta: "¿Piensas en inglés o en español?" Y son preguntas que, sin ánimo de ofender, me parecen pueriles y tontas. Uno piensa para poder aprender algo, y una vez que lo ha aprendido uno simplemente ¡lo hace! Como el conducir un automóvil o amarrarse los zapatos, la función se convierte en automática. El leguaje no es a priori del pensamiento, sino al revés; se usa el lenguaje para explicar el pensamiento. Sin la necesidad de explicaciones o comunicación, el lenguaje (que es una herramienta) no existiría. Y volviendo a la traducción y a la necesidad de que se me entienda (o de explicarme) en dos idiomas, yo mismo, al reflexionar me hago la pregunta: ¿Me auto-traduzco? Y la respuesta más honesta que puedo ofrecer al respecto es que no sé, o que no, o que a veces sí, o que sí (a cada rato)… He hecho traducciones de mi trabajo literario *in promtu* para amigos, pero honestamente creo que nunca he de poner mi nombre junto a una pieza de mi trabajo publicada que diga "traducido por el autor"; aunque con gusto aparecería como colaborador. Esta ambivalencia la creo afincada en mi visión de la traducción como una actividad creativa, como una actividad de autoría: traducir es un arte. Yo reclamo la posición creativa de autoría en cuanto a mi trabajo creativo y creo firmemente que el impulso creativo se manifiesta a su parecer y de acuerdo a la herramienta disponible para la elaboración o realización del arte. Es decir, una pintura no es una fotografía ni una estatua; la pintura se crea con pintura, la fotografía con una cámara, y la escultura con materiales diversos. Asimismo, la escritura se da según la herramienta disponible para su eficaz materialización; y para mí, puede ser en inglés lo mismo que en español, pero repito que cultivo más el español como herramienta creativa. Al reclamar mi papel de autor y presentar mi trabajo escrito, si lo hago en ambos idiomas, no optaré por denominar uno como traducción del otro, sino que ambos han de ser el producto de mi labor creativa al cambiar el foco creativo y apuntarlo a una audiencia u otra, o al presentarlo como una u otra manifestación creativa del mismo sujeto. He hecho, y haré siempre, colaboraciones en la traducción de mi trabajo, como ya indiqué, y he traducido y colaborado en la traducción del trabajo de otros autores (pues la traducción como trabajo creativo me es fascinante), pero no creo que yo podría acreditarme como el traductor de mi propio trabajo, sino como el autor del mismo.

Alejándome un tanto del campo de la creatividad, quiero también abordar la noción o concepción de identidad en cuanto a la condición de ser huésped de dos lenguas. Creo que es en este aspecto de la *Alternativa Bilingüe* en donde la dicotomía, dualidad, permeabilidad o hibridad del individuo se manifiesta más pronunciadamente. Por lo general uno hace su vida cotidiana sin detenerse a pensar en esta dualidad, y sólo repara en ello cuando se presenta como tema de conversación, o cuando la oportunidad de contraste se da e ilumina esta dicotomía. Puedo decir que llevo una vida pública en inglés (la que consume la mayor parte de mi tiempo), y que para mantener la conexión con esa otra lengua, llevo una vida interior y a diario en español: leo en español, llevo un diario en español, leo diariamente tanto el *New York Times* como el *Listín Diario* (aunque este último me provoque constantes náuseas y rabietas), etc. En mi diario soy monolingüe y cuando me veo forzado a escribir algo en inglés, aparece entre comillas como si no fuera mío, como si no fueran mis palabras sino las palabras de alguien más; como si fuera algo, de hecho, extranjero; por ejemplo: "brunch", "laptop", "PC", etc., palabras que no tienen un equivalente denotativo inmediato, ya que forman parte del vocabulario adquirido con la nueva lengua y en la nueva cultura. Y hago esto en mi diario quizás como una ilusa forma de mantener, de alguna forma, mi primera identidad única; sin embargo, sé que son vestigios de esa antigua identidad ya que soy consciente de que el tiempo no pasa en balde.

Ahora bien: ¿cómo se manifiesta en sí esta dicotomía de vivir entre dos idiomas? Lo hace en mis relaciones con el mundo y en las relaciones del mundo conmigo. Al relacionarme con el mundo, como el huésped de dos idiomas, el español es mi lenguaje de lo privado; mi lenguaje de la memoria; el lenguaje que toca las cuerdas de mis sensibilidades (puedo fácilmente romper en llanto conmovido por una canción o un poema); es mi lengua emocional; mi lengua para la poesía y los juegos de ambigüedad; es mi lengua para la resistencia pasiva; mi idioma para el silencio; mi Unidad; mi lengua para susurros y murmullos; mi lengua para el allá y el entonces; o sea, el pasado y lo distante. Por el otro lado, el inglés es mi lenguaje público; mi lenguaje del presente, para resolver lo inmediato; el lenguaje que toca mis cuerdas vocales para discutir; mi idioma de la razón y las explicaciones racionales; mi lengua para la prosa de negocios y la claridad precisa; mi lenguaje para la ofensiva activa (es muy fácil para mí mentarle la madre a cualquiera en inglés –en español eso es un acto de suma gravedad); el inglés es mi *otredad*; mi lengua para gritar y hacerme escuchar; mi lenguaje del aquí y ahora. Ahora bien, en el momento en que abro la boca y digo algo en inglés, se hace evidente que soy "extranjero", que el inglés no es mi lengua materna; cuando hablo en castellano, rara vez mis interlocutores pueden deducir que soy dominicano, y cuando estoy en República Dominicana, a pesar de que de inmediato adquiero mi dicción dominicana, me traiciona el vocabulario (tanto el que uso, que demuestra ciertos rasgos de arcaísmo, como el que se manifiesta en las expresiones de vigencia que desconozco), y nueva vez se crea cierta duda sobre la autenticidad de mi dominicanidad. Es esto precisamente a lo que apunta Rumbaut al afirmar que los de la generación 1.5 terminan siendo marginales tanto en el viejo como en el nuevo mundo.

Esa estampa de "foráneo" o "marginal" trae consigo el cuestionamiento del origen como determinante de la identidad, y en esta dicotomía la idea de "casa" (en todas sus connotaciones de nido/hogar/terruño/patria/lugar de nacimiento, etc.) crea un puente entre mis relaciones con el mundo, y la relación del mundo conmigo; y yo, supongo, vivo en ese puente. ¿Dónde está mi casa? Somos muchos los que nos hemos hecho esta misma pregunta. Isabelle de Courtivron (catedrática de estudios franceses en MIT), en su ensayo "Memories of a Bilingual Daughter" (Memorias de una hija bilingüe) dice:

> Es el final de agosto en París, y a estas alturas ya debería estar acostumbrada.
> Mañana tomo el avión de regreso. "¡Qué maravilloso que ya regresas a casa!" Me dicen mis amigos de Boston. "¡Qué tristeza que ya tienes que irte de casa!" Como un eco dicen mis amigos parisienses. ¿Regreso a, o me voy de, casa? Después de tanto tiempo aún no sé. Probablemente sea un poco de las dos cosas. (De Courtivron 2003, 157)

Yo también me he enfrentado con frecuencia a una situación similar al hacer las entradas en mi diario. Por ejemplo: después de los fines de semana en que salgo de viaje (o cuando visito otros países, o cuando vuelvo a la República Dominicana), al regresar y estar de nuevo sentado en mi mesa de trabajo y justo cuando me dispongo a hacer una entrada en el diario, en ese preciso momento de documentar fecha, hora, lugar, ¿qué pongo: "En casa", "De vuelta a casa"? Y entonces, es la pregunta, y no la repuesta es lo que surge y me envuelve en ese momento: ¿Dónde está, o cuál es, mi casa? ¿Es la que habito y pago mensualmente, o es la que dejé atrás, esa desde donde salía uniformado de caqui para ir a la escuela por las mañanas? ¿Es la casa que mi hija conoce como su casa? Creo no haber podido contestar la pregunta a cabalidad. ¿Y cómo lo he resuelto? Creo que de forma casi inconsciente, comencé a escribir "En casa" así entre comillas (como si me fuera algo extraño).

Identidad

Cuando se trata de las relaciones del mundo conmigo, me enfrento al cuestionamiento de mi identidad. Es como si uno se convirtiera en un extranjero en ambos países; y, como he mencionado anteriormente, en los Estados Unidos no bien he abierto la boca y no falta quien me pregunte (y de buena fe en la mayoría de los casos) que de dónde soy. Eso me ocurría con frecuencia cuando viví en Albuquerque, New Mexico, pues allí físicamente se me podía identificar como latino o hispano, pero al momento de hablar (tanto en español como en inglés) se hacía evidente que no era de allí, a lo cual seguía la pregunta o cuestionamiento sobre mi identidad. En la República Dominicana, recuerdo una vez, estando en la playa Las Salinas de Baní (durante uno de esos viajes de "regreso a casa"), un "tiguerito" me abordó y lo primero que me dijo fue: "¡Mira americano!". Es casi inexplicable cuán ofendido me sentí; pero fue más que ofendido, me sentí herido. Explico: mi dolor no fue porque me llamara "americano" (nací en América, en la Ciudad Primada de América), sino porque eso implicaba que él me percibía como a un extranjero, un extraño. Nancy Huston en su ensayo "The Mask and the Pen" (La máscara y la pluma) presenta una interesantísima analogía en la que propone que el vivir en un país extranjero y el hablar una lengua extranjera es como el usar una máscara, y que después de años de haber usado esa máscara, algo le sucede a la cara detrás de la máscara. Huston dice:

> Regresas a "casa" y la gente se alarma al oírte. ¿Qué? ¡A eso le llamas tu *lengua materna!* ¿Pero te das cuenta en qué estado está? ¡No me lo creo! ¡Pero si hasta hablas con acento! Y se te salen palabras en francés [*en mi caso en inglés*]... ¡Esto es ridículo! Deja ya de aparentar... ¡Vamos, habla normalmente! Pero ¿Cómo te atreves a cometer errores? (Huston 2003, 61)

Yo sé que no sólo el idioma bajo la máscara tiende a oxidarse, pero que existe también un montón de vocabulario para el cual no hay lenguaje recíproco en el repertorio lingüístico o vocabulario que uno posee o domina; cosas que uno ha aprendido en la nueva lengua y para las cuales simplemente no tiene marco de referencia, ni de lo cual puede uno tampoco hablar ni opinar inteligentemente en la otra lengua. Admito que no es nada agradable el encontrarse en situaciones similares. A mí me ha pasado tanto en Estados Unidos como en la República Dominicana. Doy un ejemplo: hace unos años, en mi pueblo natal, cuando en una entrevista para el Cable Local me preguntaron sobre mi trabajo en los Estados Unidos, tartamudeé. Resulta que trabajo en un departamento con un nombre doble (Department of Safety and Security), y ambas palabras en inglés tiene diferentes connotaciones y las aprendí o adquirí con el nuevo idioma. Resulta que en español tenemos una sola palabra para ambas cosas (seguridad) y nunca las aprendí en el contexto profesional, y aunque lo correcto hubiese sido "Seguridad y Protección" esa definición la adquirí después que me estanqué por no decir "Departamento de Seguridad y Seguridad". Podríamos decir que en ese momento, y frente a las cámaras, me encontré falto de palabras y tuve que recurrir al uso de otras palabras para explicar mi diario quehacer.

No está demás decir que no es tarea fácil mantenerse a flote en ambas lenguas y culturas. En la película *Selena*, sobre la vida de la cantante tejana, hay una escena muy significativa, y es cuando la invitan por primera vez a presentarse en México; su padre, preocupado porque la prensa fuera a criticar el español de gringa de Selena le dice: "Los anglos te saltan encima si no hablas inglés perfectamente, los mexicanos te saltan encima si no hablas español perfectamente; a nadie le toca lo que a nosotros, pues tenemos que ser perfectos dos veces". Y es esa la dificultad mayor: hay que ser más americano que los americanos, y hay que ser (en mi caso) más dominicano que LO dominicano.

V

CONCLUSIÓN

Hoy por hoy, viviendo en el transtierro, en la mayoría de los casos podemos volver (ir y venir) libremente a "nuestro país" y así continuamos abonando nuestras raíces aquí y allá. Se da hasta en el caso de los cubanos, para quienes el transtierro se ha dado como el resultado inevitable de un exilio en el cual la estadía ha sido a plazo largo (lo suficientemente largo como para plantar raíces y desarrollar alianzas con el país huésped); y son hoy los hijos de los exiliados, o aquellos que llegaron muy niños, los que comienzan poco a poco a viajar de regreso a Cuba a conocer familiares, a crear amistades y querencias, etc. Además está el inevitable, y nunca antes tan cercano, cambio de las relaciones entre Cuba y los Estados Unidos, el cual abrirá puertas y puentes para reestablecer lazos con la patria antes dejada atrás. Y una vez establecido ese puente y removidas esas trabas migratorias, se afincará el transtierro cubano al igual que lo ha hecho el dominicano y el puertorriqueño según aquí presentados. Y sí, habrá quienes querrán irse de regreso a Cuba para quedarse, y aunque lo más probable es que algunos de hecho lo hagan, la mayoría volverá de regreso a los Estados Unidos, ya que, como apunté al principio, "el país huésped tiene sus propios atractivos, sus propios encantos y ciertas ventajas que no tiene ni ofrece el país de procedencia". Sucede que en el transtierro, nos envuelve a todos una circunstancia común con relación al terruño: casi sin darnos cuenta, la idea de regresar permanentemente ("volver de retirada") se nos convierte en una proposición difícil (los casos de los que se han ido y regresado son más numerosos que los que se han quedado definitivamente). En muchos sentidos prácticos (tanto legales como emocionales) podemos apreciar que nuestro país ya no es el mismo, es distinto, ha cambiado; y nosotros también ya no somos los mismos, hemos cambiado.

He aquí y ahora que para muchos de nosotros la idea de "volver a casa" (en su sentido práctico y pragmático), es una encrucijada, casi una paradoja: en un momento podemos estar en nuestra casa en la República Dominicana (esa en que crecimos) y al día siguiente podemos estar en nuestra casa en los Estados Unidos (esa en la que crecen nuestros hijos). De aquí que el transtierro sea esa condición que nos hace vivir sobre ese puente que conecta nuestras realidades e identidades y nuestra bifurcación cultural y lingüística en ambas direcciones.

Para concluir citemos otra vez ese ensayo de Isabelle de Courtivron en el cual relata que "la editora Helen Wolf, en una ocasión contestó a la pregunta de que si se sentía europea o americana, diciendo: "'Yo soy alguien sin país y con dos exilios'" (De Courtivron 2003, 164). Esto lo podemos decir textualmente los que vivimos en ese puente del transtierro, pues terminamos siendo exiliados (en el sentido de convertirnos en casi extranjeros) en dos países y vivimos como entes bifurcados entre dos lenguas, dos culturas, dos sistemas, dos historias. Lo podemos decir, ya que a diario tenemos que sobrevivir y salir a flote como individuos, individuos con nuestras propias historias: bilingües, biculturales, permeables, con un aquí y un allá, y con una identidad conjugada en el TRANSTIERRO.

Notas

[1] Según la definición del Diccionario de la Biblioteca Virtual del Centro de Investigaciones sobre América Latina y el Caribe, UNAM, "'transterrado' se explica como la adaptación de un continuar con lo español de España por la participación de lo español en México. Es la idea entrañable, para todo empatriado, de las dos patrias, de su patria de origen y empatriado de una patria de destino". Fuente: (http://www.cialc.unam.mx/pensamientoycultura/biblioteca%20virtual/diccionario/transterrados.htm)

[2] Este trabajo apunta, en su enclave, a este grupo "legal"; pero tenemos muy claro que la experiencia desgarradora de la emigración no requiere de visas ni pasaportes.

[3] Adolfo Sánchez Vázquez. Nació en Algeciras (provincia de Cádiz), aunque desde niño vivió en Málaga. En su juventud militó en las Juventudes Socialistas Unificadas. Tras estudiar Filosofía en la Universidad de Madrid, emigró a México en 1939 junto a otros intelectuales, científicos y artistas, tras la caída de la Segunda República Española, durante la Guerra Civil. Obtuvo un doctorado en Filosofía por la Universidad Nacional Autónoma de México, donde impartió clases y luego fuera designado como profesor emérito. Fue presidente de la Asociación Filosófica de México y miembro del Consejo Consultivo de Ciencias de la Presidencia de la República. Murió el 8 de julio de 2011, en la Ciudad de México. Fuente: http://es.wikipedia.org/wiki/Adolfo_S%C3%A1nchez_V%C3%A1zquez

[4] En momentos que se dan los toques finales a la edición de este trabajo se anuncia la "normalización de las relaciones entre Cuba y los Estados Unidos". Aunque esto, indudablemente, signifique una apertura sin precedentes y muy probablemente dé paso al levantamiento de las restricciones de viaje entre ambos países; sostengo que, como queda registrado el caso de España (cuando en 1975 termina la dictadura de Franco), dicha apertura no dará paso a un éxodo masivo de exiliados cubanos de regreso a Cuba. No van a sacar la maleta que han guardado detrás de la

puerta para levantar campaña y marcharse de regreso. Lo cierto es que ahora su condición ya no es la de cubanos, ni de americanos, ni de exiliados; ya son, indiscutiblemente, transterrados.

5   Ésta, como todas las demás citas traducidas a través de este trabajo, es traducción mía.

6   Existe un precedente familiar al referente lingüístico en el contexto histórico dominicano, el cual tiene que ver con la presencia de los inmigrantes haitianos en el territorio dominicano. La palabra "perejil" resalta como una vergonzosa aplicación de la imposición de fronteras en geografías y cuerpos, mediante la identificación de la "lengua como un bastión contra las contaminaciones extranjeras" y fue la excusa para la matanza del 1937. Hoy mismo, en la República Dominicana, la "aplicación de fronteras y límites, imponiéndolas en geografías y en cuerpos, en banderas y en himnos" son el pan nuestro de cada día, y donde existe el inminente peligro de que sin una pronta y concienzuda intervención, se desate una crisis humanitaria o un genocidio al grito de "patria o muerte" inculcado por un nacionalismo ciego.

7   Es indudable que los avances tecnológicos de los últimos treinta años representan el fenómeno más poderoso en la historia del desarrollo de la humanidad. En todos los miles o millones de años de la existencia de los humanos sobre la faz de la tierra (de los cuales se puede producir pruebas y registro), nunca antes se había logrado un avance tan gigantesco en tan poco tiempo. Pongamos lo siguiente en perspectiva: la primera llamada telefónica haciendo uso de un teléfono celular se hizo en abril del año 1973, y el primer teléfono celular salió al mercado en 1984 (el aparato pesaba 14 onzas y costaba cuatro mil dólares); aunque parezca increíble, el primer programa para acceder al *World Wide Web* (al 'internet'), o sea un "browser" o navegador, se escribió en 1990; antes del 1990 no existía acceso público al 'internet'. ¿Puede alguien imaginarse el mundo de hoy sin teléfonos celulares y sin internet?

8   Según datos de la Fundación Puertorriqueña de las Huma-
    nidades, el promedio de puertorriqueños que emigraba a
    Estados Unidos anualmente en la década del treinta era
    de 1,800 personas. Esto aumentó a 4,600 de 1941 a 1945;
    a 31,000 de 1946-1950; a 45,000 de 1951-1960. De hecho,
    *1953 fue el año de mayor emigración, ascendiendo a 75,000
    puertorriqueños*. Entre la década de 1960 y 1970, mermó a
    16,500. Mejores oportunidades de trabajo en la isla y la dis-
    minución de oferta de trabajo en Estados Unidos explican
    la reducción. De hecho, debido a la reducción masiva del
    empleo, los puertorriqueños comenzaron a dispersarse,
    mudándose de Nueva York a otros estados y regiones
    del país. ("Diáspora puertorriqueña: ciclos migratorios y
    comunidades a distancia": autor: Grupo Editorial EPRL,
    28 de enero de 2010) Enciclopedia de Puerto Rico, Fun-
    dación Puertorriqueña de las Humanidades http://www.
    enciclopediapr.org/esp/print_version.cfm?ref=08100301

9   Madeline Millán escritora puertorriqueña residente en NYC,
    ha publicado cuatro libros de poesía, entre ellos, *Leche/Milk*
    (Premio Nacional de Poesía de Puerto Rico, 2009); y *365 esqui-
    nas*, de poesía y narrativa. Antologías recientes del 2010 en
    México: *Blanco Móvil* (25 aniversario), *La Otra* y *Poetas del mundo
    latino*. Madeline Millán ejerce como profesora de lenguas en
    FIT/SUNY. Fuente: http://centropr.hunter.cuny.edu/voices/
    letras-ii/madeline-mill%C3%A1n

10 El término de "generación 1.5" lo aplican a los individuos
    que habiendo nacido en el exterior (Cuba) se crían, educan
    y llegan a la mayoría de edad en los Estados Unidos;
    para este grupo, la primera generación la representan
    los padres, como parte completa del "viejo" mundo, y la
    segunda generación la componen los hijos que nacen en
    los Estados Unidos y se integran por completo al "nuevo"
    mundo. Entre estas dos generaciones están los que confor-
    man la "generación 1.5". *Life on the Hyphen*, Gustavo Pérez
    Firmat, 1994 (4-5).

Referencias

Agulló, Juan. "Españoles en el exterior: ciudadanía con espinas". El País. Sábado 19 de febrero, 2011: http://elpais.com/diario/2011/02/19/opinion/1298070005_850215.html

Blanco, Richard. En anécdota compartida en su lectura poética en Dartmouth College, Octubre 2013.

BPS: Capítulo sobre Fidel Castro en "The American Experience", serie histórica en el canal de televisión pública de los Estados Unidos (PBS): http://www.pbs.org/wgbh/amex/castro/esp_peopleevents/e_exiles.html

Center for Puerto Rican Studies, Hunter College (CUNY): http://centropr.hunter.cuny.edu/voices/letras-ii/madeline-mill%C3%A1n

De Courtivron, Isabelle, ed. and cont. *Lives in translation: bilingual writers on identity and creativity*. New York: Palgrave Macmillan, 2003.

Diccionario de la Biblioteca Virtual del Centro de Investigaciones sobre América Latina y el Caribe (CIALC), Universidad Nacional Autónoma de México: http://www.cialc.unam.mx/pensamientoycultura/biblioteca%20virtual/diccionario/transterrados.htm

Diccionario de la Real Academia de la Lengua Española (*Vigésima Segunda Edición*): http://lema.rae.es/drae/

Diccionario Virtual de Etimología: http://etimologias.dechile.net/?dia.spora

Dominican Americans: www.everyculture.com/multi/Bu-Dr/Dominican-Americans.html

Dorfman, Ariel. "The Wandering Bigamist of Language." De Courtivron, 29-37.

Enciclopedia de Puerto Rico, Fundación Puertorriqueña de las Humanidades: www.enciclopediapr.org/esp/print_version.cfm?ref=08100301

Espaillat, Rhina P. *Where Horizons Go*: Poems (Winner, T.S. Eliot Prize, 1998) (New Odyssey) Truman State University Press, 1998.

Flores, Juan. "Puerto Rican Literature in the United States: Stages and Perspectives." *Recovering the U.S. Hispanic Literary Heritage Vol. I*. Houston: Arte Público Press, 1993.

Gutierrez, Franklin. *Voces de Ultramar: Literatura Dominicana de la diáspora*. Santo Domingo: Dirección General de la Feria del Libro, 2005.

Huston, Nancy. "The Mask and the Pen." De Courtivron, 55-67.

Jiménez, Arturo. "El exilio, doloroso y desgarrador para Adolfo Sánchez Vázquez". Periódico *La Jornada*, sábado 11 de julio, 2011, p. 8: http://www.jornada.unam.mx/2011/07/09/politica/008n1pol

Lazo, Rodrigo. *Writing to Cuba: Filibustering and Cuban Exiles in the United States*. Chapel Hill: University of North Carolina Press, 2005.

Mansito III, Nicolás. "In favor of Babel: José Kozer in conversation with Nicolás Mansito III". *Jaket Magazine* (http://jacketmagazine.com/35/iv-kozer-ivb-mansito.shtml), 28 December 2007.

Pérez Firmat, Gustavo. *Life on the Hyphen: The Cuban-American Way*. Autin: University of Texas Press, p. 4-5, 1994

Rumbaut, Ruben G. "The Americans: Latin American and Caribbean Peoples in the United States" in *Americas: New Interpretive Essays*, p. 288, 1992.

— — "The Agony of Exile: A Study of the Migration and Adaptation of Indochinese Refugee Adults and Children" in *Refugee Children: Theory, Research, and Services*, ed. Frederick L. Ahearn, Jr. and Jean L. Athey. Baltimore: John Hopkins University Press, p. 61, 1991.

Selena. (film) Dir. Gregory Nava. With Edward James Olmos, and Jennifer López. Warner Bros. 1997.

Stolowicz, Beatriz. "Asilo y exilio. Indicios de una ruptura". *La Ventana* (http://laventana.casa.cult.cu) Martes, 12 de Julio del 2011 (18:44:33): http://laventana.casa.cult.cu/modules.php?name=News&file=print&sid=6277

Torres-Saillant, Silvio. "Before the Diaspora: Early Dominican Literature in the United States." *Recovering the U.S. Hispanic Literary Heritage Vol. III*. Eds. Virginia Sánchez Korrol and María Herrera Sobek. Houston: Arte Público Press, 2000.

Vázquez, Lourdes. *Una Sola Pregunta*, Blog *lookingazul*: http://lookingazul.blogspot.com/2013/02/normal-0-false-false-false-en-us-ja-x.html

Wikipedia, la enciclopedia libre: www.es.wikipedia.org

William, Luis. *Dance Between Two Cultures: Latino Caribbean Literature Witten in the United States*. Nashville: Vanderbilt University Press, 1997.